LES MAUVAIS BERGERS

DU MÊME AUTEUR

Lettres de ma chaumière. (Épuisé.)

Le Calvaire . . . . 1 vol.

L'abbé Jules . . . . 1 vol.

Sébastien Roch . . . . 1 vol.

Contes de ma chaumière . . . . 1 vol.

SOUS PRESSE

Le Jardin des supplices (roman).

L'Épidémie (pièce en 1 acte).

OCTAVE MIRBEAU

LES

MAUVAIS BERGERS

PIÈCE EN CINQ ACTES

REPRÉSENTÉE A PARIS, SUR LE THÉATRE DE LA RENAISSANCE

Le 14 *décembre* 1897.

PARIS

LIBRAIRIE CHARPENTIER ET FASQUELLE

EUGÈNE FASQUELLE, ÉDITEUR

11, RUE DE GRENELLE, 11

1898

A

MADAME SARAH BERNHARDT

HOMMAGE

de reconnaissance et d'admiration.

PERSONNAGES

Mme	SARAH-BERNHARDT	MADELEINE.
MM.	LUCIEN GUITRY	JEAN ROULE.
	DEVAL	HARGAND.
	LAROCHE	CAPRON.
	DENEUBOURG	ROBERT HARGAND.
	ANGELO	DUHORMEL.
	CHAMEROY	DE LA TROUDE.
	TESTE	LOUIS THIEUX.
	COLAS	PHILIPPE HORTEAUX.
	LACROIX	UN CURIEUX.
	RIPERT	MAIGRET.
	JEAN DARA	ZÉPHIRIN BOURRU.
	JAHAN	PREMIER PORTEUR.
	BERTHAUD	DEUXIÈME PORTEUR.
	JOURDA	FRANÇOIS GOUGE.
	MONTHALLIER	JULES PACOT.
	CAUROY	PIERRE ANSEAUME.
	GUIRAUD	JOSEPH BORDES.
	STEBLER	UN DOMESTIQUE.
	MAGNIN	PIERRE PEINARD.
Mmes	MARIE GRANDET	LA MÈRE CATHIARD.
	MADELEINE DOLLY	GENEVIÈVE.
	DIONE	MARIANE RENAUD.
	A. REDZÉ	UNE FEMME DE CHAMBRE.

GRÉVISTES, FEMMES DU PEUPLE, ETC.

De nos jours, dans une ville industrielle.

Pour la mise en scène, s'adresser à M. Merle, régisseur au Théâtre de la Renaissance.

LES MAUVAIS BERGERS

ACTE I

Un intérieur d'ouvrier dans une cité ouvrière. Porte au fond, entre deux larges fenêtres, par où l'on aperçoit l'usine, ses cheminées, ses lourds bâtiments. A droite, contre la cloison, deux lits d'enfant, et par terre un matelas. A gauche, porte donnant sur une autre chambre. Sur le milieu de la scène, près d'un petit fourneau, dont le tuyau coudé se perd dans le mur, une table chargée de linges à coudre... Çà et là, buffet, chaises dépaillées, mobilier pauvre.

SCÈNE PREMIÈRE

MADELEINE, LES ENFANTS COUCHÉS.

Au lever du rideau, Madeleine a fini de coucher les enfants. En chantonnant tout bas, elle les embrasse dans leurs berceaux.

MADELEINE

C'est çà... soyez gentils, mes mignons... dormez!... (*Elle reste un instant penchée au-dessus des lits.,. Une bouillotte chauffe sur le fourneau... La porte du fond est ouverte sur la cité... On voit l'usine, au loin, qui, sous un ciel lourd de fumées, s'allume, peu à peu, dans le jour qui tombe... Des ouvriers passent dans la ruelle, pesants, courbés... Un des enfants se met à crier...*) Paul, mon chéri, tais-toi... dors... (*L'enfant se tait... Alors, Madeleine va s'asseoir auprès du fourneau, devant la table, allume la lampe et se met à coudre... Un ouvrier passe en chantant... Le chant décroît et se perd tout à fait... Profond silence... Entre la mère Cathiard, vieille, décharnée, un pot à la main.)*

SCÈNE II

MADELEINE, LA MÈRE CATHIARD

LA MÈRE CATHIARD

Vous n'auriez pas un peu de bouillon à me prêter, Madeleine?

MADELEINE

Si, mère Cathiard... On nous en a envoyé, ce matin, du château.

LA MÈRE CATHIARD

C'est pour mon garçon... Il est rentré, tout à l'heure, avec une fièvre... une fièvre!... Pourvu qu'il ne tombe pas malade, lui aussi, mon Dieu!...

MADELEINE

Mais non, mère Cathiard... Vous savez bien qu'on a toujours la fièvre ici... et qu'on ne peut pas manger... (*Elle se lève, prend le pot qu'elle remplit à demi.*) Voilà tout ce que je puis vous donner...

LA MÈRE CATHIARD

Merci, Madeleine... (*Désignant la porte de gauche.*) Et votre maman?...

MADELEINE

Elle est plus mal... Oh! bien plus mal!...

LA MÈRE CATHIARD

Ainsi!... Voyez-vous ça!... Une femme si forte!... Je lui disais bien, moi, qu'elle se tuait à force de passer toutes ses nuits à coudre...

MADELEINE

Sans doute!... Mais qu'est-ce que vous voulez!... Il le fallait bien!...

LA MÈRE CATHIARD

Et, vous aussi, Madeleine... faites attention!... Vous êtes toute pâlotte, depuis quelque temps... vous avez une toute petite figure de rien du tout... Ça n'est pas bon, à votre âge... ça n'est pas bon!...

MADELEINE

Il faut bien que l'ouvrage se fasse, mère Cathiard... il faut bien qu'on gagne sa vie... Je suis plus forte qu'on le croit...

LA MÈRE CATHIARD, *elle s'assied près de Madeleine, son pot de bouillon entre ses jupes.*

Eh bien!... voilà que Renaud, Thorel et Lourdier ont été renvoyés ce matin!... Encore un coup de cette canaille de Maigret, bien sûr!...

MADELEINE

C'étaient pourtant de bons ouvriers!...

LA MÈRE CATHIARD

Oui, mais... (*Regardant autour d'elle avec méfiance, et d'une voix plus basse.*) paraît aussi que dimanche, ils s'étaient vantés d'avoir voté contre le patron... Ils avaient un petit verre de trop, comprenez!... Ici... on devrait toujours avoir la langue dans sa poche... On dit quelque chose... comme ça... sans méchanceté... et puis, une heure après... c'est rapporté à Maigret... et le compte est bon!... Et la Renaud qu'est encore enceinte!... Son septième, ma petite!... Faut-il aussi qu'elle soit enragée!... Moi, je ne crois pas que le patron sache tout ce qui se passe ici... C'est un homme dur, monsieur Hargand... mais c'est un homme juste!... Et Maigret ne le fait pas aimer!...

MADELEINE

Non... non... Bien sûr.

LA MÈRE CATHIARD

Depuis la mort de la patronne, tout va de mal en

pis... pour tout le monde, ici... Ah! nous avons perdu gros... Ça!... Et c'est pas cette petite pimbêche de Geneviève qui la remplacera jamais!... Dites donc, Madeleine... je suis allée au château, ce midi...

MADELEINE

Ah!...

LA MÈRE CATHIARD

Oui... C'est moi, maintenant, qui pose pour Mlle Geneviève... comme votre maman... Elle me met sur la tête quelque chose de rouge... et puis un tablier avec des rayures bleues sur les genoux... et puis un fichu jaune autour du cou... et puis un panier plein d'oranges à mes pieds!... En v'là des inventions!... Et si vous voyiez ce grand atelier!... Ah bien, il y en a des affaires, là-dedans!... et des glaces, et des buffets... et des tapis et de tout!... Et savez-vous ce qu'elle m'a dit?... Elle m'a dit que j'étais plus belle que votre maman... que j'avais — comment est-ce qu'elle m'a arrangé ça? — que j'avais une figure en ivoire!... Ainsi... vous croyez!... Elle m'a donné deux francs... C'est-y ce qu'elle donnait à votre maman?...

MADELEINE

Oui, mère Cathiard.

LA MÈRE CATHIARD

Ça n'est pas mauvais... ça n'est pas mauvais!... Ça aide un peu, quoi!... (*Elle se lève.*) Ah! puis... vous savez... M. Robert est arrivé de Paris, ce matin!... Faut croire qu'il est remis avec son père... Il y avait longtemps qu'il était venu ici!...

MADELEINE

Pas depuis quatre ans.

LA MÈRE CATHIARD

Pas depuis la mort de Mme Hargand... Un beau gars,

ma petite!... et doux, gentil, aimable... le portrait de sa mère... On dit qu'il est pour les anarchistes maintenant, et que s'il avait l'usine... eh bien, il la donnerait aux ouvriers!... C'est-y vrai, ça?

MADELEINE

On dit bien des choses.

LA MÈRE CATHIARD

Pour sûr... N'empêche que M. Robert est un homme juste.. qu'il ne fait pas des embarras... et qu'il aime l'ouvrier!... Allons!... faut que je m'en aille... (*Montrant le pot de bouillon.*) Je vous le rendrai demain... Bonsoir, Madeleine, et meilleure santé chez vous...

MADELEINE

Merci, mère Cathiard...

LA MÈRE CATHIARD

Et si vous avez besoin de moi, cette nuit... vous savez... ne vous gênez pas...

MADELEINE

Oui... oui... Bonsoir!...

LA MÈRE CATHIARD

Bonsoir!... (*Sort la mère Cathiard... Le jour, au dehors, baisse de plus en plus... Des ouvriers, silhouettes rapides, se hâtent dans la ruelle... L'usine flambe dans le ciel plus noir... On entend son halètement... Madeleine est penchée sur son ouvrage... Entre Jean Roule.*)

SCÈNE III

JEAN ROULE, MADELEINE

JEAN

Bonsoir, les petits.

MADELEINE

Bonsoir, monsieur Jean.

JEAN

Le père est parti déjà pour l'usine?

MADELEINE

Oh non, monsieur Jean, le père n'ira pas, ce soir, à l'usine... (*Elle montre la porte de gauche.*) Il est avec maman!...

JEAN

Eh bien?...

MADELEINE

Il n'y a plus d'espoir!...

JEAN

Le médecin est venu?...

MADELEINE

Il est venu, tout à l'heure... Il a posé sa main sur la tête de maman... il lui a pris le pouls... et il a dit : « Il n'y a plus rien à faire »... Et il est parti!... (*Un silence.*) Et il ne reviendra plus!... (*Un silence.*) Est-ce qu'on n'a pas appelé?

JEAN

Non... (*Avec un geste vers le dehors.*) Quelqu'un qui chante... là-bas... ou qui pleure!... Les voix, au loin, on ne sait pas ce qu'elles disent...

MADELEINE, *écoutant.*

C'est vrai!... Ce n'est pas ici!... (*Elle se lève néanmoins, va vers la porte de la chambre, l'ouvre doucement et regarde. Revenant vers la table.*) La mère semble reposer... le père s'est endormi!... (*Se rasseyant et reprenant son ouvrage.*) Il est si fatigué!... Voilà deux nuits qu'il passe auprès d'elle... Et ce n'est que d'aujourd'hui qu'il ne travaille plus à l'usine...

JEAN

Vous aussi, Madeleine, vous êtes bien fatiguée... Vous devriez vous coucher un peu... du moins, vous étendre quelques heures, sur ce matelas...

MADELEINE

Il y a trop d'ouvrage en retard... et puis, il faut que j'aille et que je vienne... Quand maman a besoin de quelque chose, le père est comme un enfant... il ne sait rien trouver... Si je travaille ici, c'est que le bruit de l'aiguille près du lit de maman, je sens bien que ça l'agace... que ça l'énerve trop !...

JEAN, *marchant dans la pièce.*

Pauvre Clémence !.. (*Un silence.*) Tant qu'elle a pu se tenir debout, elle allait... elle allait !... Et le jour qu'elle s'est arrêtée, c'est qu'elle était déjà morte ! (*Il s'assied dans un coin.*) Quel âge a-t-elle ?

MADELEINE

Quarante-quatre ans !

JEAN, *avec un geste de découragement.*

Quarante-quatre ans ! (*Un silence.*) Avec sa pauvre vieille face toute ridée et toute grise, elle en paraissait soixante-dix !... Quarante-quatre ans !. . (*Un silence.*) Ici, il y en a beaucoup qui n'arrivent même pas jusqu'à cet âge !... On ne respire ici que de la mort !... (*On entend les sifflets et les bruits sourds de l'usine.*) C'était pourtant une femme robuste et vaillante !... Elle avait bien de la vie !...

MADELEINE

Elle avait bien du mal !

JEAN

C'est la même chose !

MADELEINE

Elle en a tant vu de toutes les manières... Pierre tué par les machines, un enfant si fort, si courageux... Joseph mort de la poitrine à dix-neuf ans !... Ça avait été le dernier coup, pour elle !...

JEAN

Oui !... oui !...

MADELEINE

Quel malheur que vous ne les ayez pas connus, monsieur Jean !

JEAN

Oui, oui !... (*Un silence.*) Elle avait été jolie, autrefois, votre mère ?

MADELEINE

Je ne sais pas... Je l'ai toujours connue comme elle est aujourd'hui... comme elle était, il y a un an, quand vous l'avez vue pour la première fois... car c'est à peine si l'âge et la maladie l'ont changée...

JEAN

Elle ne m'aimait pas ?...

MADELEINE

Elle vous trouvait l'air trop sombre... elle avait un peu peur de vous...

JEAN

Et vous, Madeleine ?

MADELEINE

Oh ! moi, je n'ai pas peur de vous, monsieur Jean !

JEAN

Ne m'appelez-pas « monsieur Jean »... Pourquoi m'appelez-vous « monsieur Jean ? »

MADELEINE

Je ne sais pas... c'est plus fort que moi !... parce

que vous n'êtes pas comme les autres... parce que vous êtes plus que les autres... Je ne vous comprends pas bien toujours... et vos paroles m'échappent quelquefois... mais je sens qu'elles sont belles... qu'elles sont justes!... Maman était trop vieille... maman était trop lasse.. pour sentir cela... comme moi...

JEAN

Je ne suis rien de plus que les autres, Madeleine... je suis comme les autres... un pauvre diable comme les autres... Et j'ai bien de la tristesse... parce que j'ai vu trop de pays, trop de misères... Et je n'ai pas toujours la force et le courage que je voudrais avoir... Pourtant, j'ai bien de la haine... là!...

MADELEINE

Je ne sais pas si vous avez de la haine... Vous êtes si bon pour mon père... si doux pour les petits et pour moi!...

JEAN

C'est vrai!... Je vous aime bien... tous!... Et je voudrais que vous soyez heureux!...

MADELEINE

Personne n'est heureux ici, mons... (*Se reprenant sur un signe de Jean.*) Jean!...

JEAN

Personne n'est heureux nulle part...

MADELEINE

Jean!... Jean!... C'est vous surtout qui n'êtes pas heureux!...

JEAN, *il se lève et marche dans la pièce, comme pour échapper à l'émotion qui le gagne.*

Alors, c'est vous qui allez devenir, maintenant, la

maman de ce petit monde-là !... (*Il montre les enfants endormis.*) Vous êtes bien jeune pour un si lourd devoir... et le père commence à être bien vieux !... (*Madeleine ne répond pas et se met à pleurer.*) Pourquoi pleurez-vous ?...

MADELEINE, *essayant de se retenir de pleurer.*

C'est la fatigue, peut-être... c'est maman... c'est vous aussi, Jean !... Depuis que vous êtes entré, j'ai envie de pleurer... (*Eclatant tout d'un coup.*) Et puis, je ne peux pas... je ne pourrai jamais... je n'ai pas la force... Jean... Jean !... jamais je ne pourrai être ce qu'a été maman !... Et je ne veux pas... je ne veux pas !... J'aimerais mieux mourir !...

JEAN, *il lui prend les mains, les caresse.*

Ma pauvre Madeleine !... (*Madeleine se calme un peu.*) Pleurez... vos nerfs ont besoin de ces larmes...

MADELEINE

Excusez-moi... pardonnez-moi... C'est fini... (*Elle se lève, ranime le feu du fourneau où chauffe la bouillotte, essuie ses yeux, et se remet à coudre. Jean va vers la porte ouverte. La nuit est venue tout à fait. L'usine crache des flammes. On entend les coups des marteaux-pilons. Dans la ruelle, des ouvriers passent, s'arrêtent, colloquent à voix basse, et s'en vont. Le père, Louis Thieux, sort de la chambre de la malade.*)

SCÈNE IV

LES MÊMES, LOUIS THIEUX

LOUIS THIEUX

Madeleine... ta mère a besoin de toi... (*Apercevant Jean.*) Ah ! c'est toi !

JEAN

Eh bien ?...

LOUIS THIEUX, *secouant la tête.*

Le malheur ne peut pas sortir d'ici... (*Madeleine se dirige vers la chambre.*) Ça n'est pas juste !

MADELEINE

J'ai couché les petits... Ils tombaient de sommeil...

LOUIS THIEUX

Tu as bien fait... La mère ne les appellera plus... Elle n'a plus la tête à ça... elle n'a plus la tête à rien... (*A Jean.*) Elle me reconnait bien encore... mais je n'entends plus ce qu'elle dit !... (*Madeleine sort.*)

SCÈNE V

LES MÊMES, MOINS MADELEINE

LOUIS THIEUX

Elle ne passera pas la nuit... Et je m'étais endormi là, comme une bête !... Je ne pouvais pas me figurer que cela arriverait !... Qu'est-ce que je vais devenir maintenant, sans elle !... (*Jean marche dans la pièce, grave et songeur. Il referme la porte et vient s'asseoir près du fourneau. Louis Thieux regarde les enfants.*) Et qu'est-ce que tout ça va devenir, mon Dieu !

JEAN

Ça va devenir de la misère et de la douleur, un peu plus.

LOUIS THIEUX

Ça n'est pas juste !...

JEAN

Et ça s'en ira comme s'en sont allés tes deux aînés !

LOUIS THIEUX

Ça n'est pas juste... ça n'est pas juste !...

JEAN

Qu'est-ce qui n'est pas juste ?

LOUIS THIEUX

Je n'ai jamais fait de tort à personne... j'ai toujours été un bon ouvrier.

JEAN

Eh bien ?

LOUIS THIEUX

Eh bien, je dis que ça n'est pas juste !...

JEAN

Mais si, c'est juste !... Puisque tu le veux... puisque tu t'obstines à le vouloir !..,

LOUIS THIEUX

Non... non... tais-toi... ne parle pas de ça en ce moment... Je suis trop malheureux !...

JEAN

Alors.., j'attendrai !... J'attendrai que tu sois heureux... j'attendrai que tu sois mort... que Madeleine soit morte... que tous ici soient morts !... Ça ne sera pas long !... Mais, tu ne vois donc rien autour de toi !... tu n'as donc jamais regardé le teint flétri de ta fille, et sa démarche de vieille femme fatiguée, à dix-huit ans... et les joues creuses... et les bouches pâles... et les pauvres petites mains maigres de ceux-là !...

LOUIS THIEUX

Ne parle pas de ça !... (*Il tire du buffet un morceau de pain qu'il essaie de manger.*) Je n'ai pas faim... Je n'ai pourtant rien mangé depuis hier... Je n'ai pas eu le temps... Et ce soir, ça ne passe pas... ça reste là! (*Il remet le pain dans le buffet, avale une gorgée d'eau et s'assied aussi, dans un coin... Long silence.*) Et toi, tu ne vas pas à l'usine, ce soir?

JEAN

Ma foi non!... Ah! ma foi non!... (*Il vient près de Louis Thieux et lui frappe sur l'épaule.*) Tu vas avoir un surcroît de dépenses... et il ne doit plus te rester d'argent... Prends ceci... (*Il lui remet quelques pièces d'argent.*)

LOUIS THIEUX

Je t'en dois tant, déjà!

JEAN

C'est de l'argent gagné ensemble... Il t'appartient... (*Louis remercie silencieusement, et reprend son attitude abattue... Jean va et vient dans la pièce... On frappe à la porte...*) On a frappé à la porte... Tu n'entends pas?... (*On frappe de nouveau.*)

LOUIS THIEUX

Entrez!... (*Entrent Robert et Geneviève... Geneviève porte un panier... Toilette simple.*)

SCÈNE VI

GENEVIÈVE, ROBERT, JEAN, LOUIS THIEUX

LOUIS THIEUX

Ah! mademoiselle Geneviève!... monsieur Robert!... Vous êtes donc ici, monsieur Robert!... Comme il y a longtemps!...

ROBERT

Je suis arrivé tantôt... Geneviève m'a dit que votre

femme était très malade... Mon pauvre Thieux!... (*Il lui serre la main.*)

LOUIS THIEUX

Oui, oui... Un grand malheur, monsieur Robert!...

GENEVIÈVE, *déposant le panier sur la table.*

Eh! bien!... Voyons?... Comment va-t-elle ce soir?...

LOUIS THIEUX

Ah! mademoiselle!... Très mal... très mal!...

GENEVIÈVE

Mais enfin, qu'a-t-elle?

LOUIS THIEUX

Elle a, mademoiselle Geneviève... qu'elle est usée... qu'elle n'a plus de forces, plus de vie... Elle s'en va de trop de fatigues et de trop de peines!...

GENEVIÈVE

Vous vous alarmez sans raison, je suis sûre... Du repos, des fortifiants!... Justement, je lui apportais du vieux vin, un tas de bonnes choses qui la remettront...

LOUIS THIEUX

Oh! mademoiselle!... Vous êtes bien trop bonne!... Elle ne peut plus rien prendre!... Elle est perdue.

GENEVIÈVE

Vraiment?... Vous n'imaginez pas comme cela me fait du chagrin... C'est que vous êtes de vieux fidèles d'ici, vous... de braves gens qu'on aimait bien!... Est-ce que je pourrais la voir?...

LOUIS THIEUX

Certainement, mademoiselle...

GENEVIÈVE, *avec un léger mouvement de recul.*

Elle n'est pas trop changée, au moins?... pas trop effrayante?... Parce que, moi, je ne peux pas voir de choses trop effrayantes...

LOUIS THIEUX

Oh! elle est calme!... elle a presque l'air de dormir!... Elle sera heureuse de vous voir une dernière fois...

GENEVIÈVE

Comment, une dernière fois?... Mais je reviendrai... je reviendrai tous les jours... Vous verrez que nous la guérirons... (*Apercevant les enfants.*) Et ces amours de bébés qui dorment... sont-ils gentils?... Et Madeleine?...

LOUIS THIEUX

Elle est auprès de sa mère...

GENEVIÈVE

Quelle brave fille! Pourquoi ne vient-elle jamais me voir?... Vous lui direz qu'elle vienne souvent!...

LOUIS THIEUX

Elle est un peu sauvage.

GENEVIÈVE

Je l'apprivoiserai!... Je l'aime beaucoup... Dites-lui que je l'aime beaucoup!... Ah! cette pauvre Clémence!... (*Elle examine distraitement, sur la table, les travaux de couture, laissés par Madeleine.*) Vous vous souvenez, quand elle venait poser... Elle avait une tête si belle, si triste! Une vraie *Mater Dolorosa*... Comme c'est émouvant, tout cela, aujourd'hui!... (*Allant vers Thieux.*) Je vous ferai un dessin, un grand dessin de Clémence. (*Robert manifeste par quelques *gestes d'impatience, la gêne où le mettent les paroles de Geneviève.)*

LOUIS THIEUX

Oh ! mademoiselle.

GENEVIÈVE

Si... si... un grand dessin !... Menez-moi près d'elle... Je veux la voir... Quel malheur !... De si braves gens, et depuis si longtemps ici !...

LOUIS THIEUX

Depuis vingt-sept ans, mademoiselle !

GENEVIÈVE

Vingt-sept ans !... Pensez donc !... Est-ce admirable !... (*Montrant le panier.*) Il y a aussi des bonbons pour les mioches et un corsage pour Madeleine !... (*Allant vers la porte, accompagnée de Louis Thieux.*) Quelle peine cela va me faire !... (*Geneviève et Louis Thieux entrent dans la chambre.*)

(*Pendant toute cette scène, Jean est resté assis, regardant Geneviève avec haine, quelquefois, et Robert avec une curiosité persistante... Une fois seul avec lui, il se lève, remet sa casquette et se dirige lentement vers la porte, affectant de ne pas regarder Robert. La porte ouverte, on aperçoit toujours les usines enveloppées de flammes, de fumées et de bruits.*)

SCÈNE VII

JEAN, ROBERT

ROBERT

Pardon... Vous partez ?

JEAN

Oui...

ROBERT

C'est moi qui vous fais fuir?

JEAN

Peut-être... Non...

ROBERT

Vous êtes de l'usine?

JEAN

Que vous importe?... Moi ou un autre!... (*Il veut s'en aller.*)

ROBERT

Restez, je vous en prie!... Et dites-moi votre nom.

JEAN

Je n'ai pas de nom...

ROBERT

Ah! (*Un court silence*)... Pourquoi me parlez-vous ainsi?... Vous ne me connaissez pas!...

JEAN

Pourquoi m'interrogez-vous ainsi?... Je n'ai rien à vous dire...

ROBERT, *il lui tend la main.*

Je suis votre ami...

JEAN, *le regardant des pieds à la tête, avec hauteur.*

Oui... oui... je sais... Parbleu!... Le fils du patron, révolutionnaire et socialiste... anarchiste aussi, sans doute!... C'est très à la mode, cette année, chez les bourgeois... Ah! cela fait bien... cela a de la tournure !... et c'est charmant avec les millions que nous vous gagnons... (*Violent.*) Laissez-moi !...

ROBERT

Je vous défends de douter de ma sincérité.

JEAN

Et moi, je vous défends de croire à ma bêtise !...

ROBERT

J'ai déjà donné des gages... j'en donnerai d'autres...

JEAN

Vos prêches... vos articles... vos livres ?... Je les connais... je les ai lus !... Si je les ai lus !... Mais, c'est attendrissant, en effet... Réconciliation... bonheur universel... fraternité !... Et quoi encore ?... Ah ! vous la chantez bien, la romance !... Tenez, j'aime mieux votre père... Il est dur, implacable... il nous assomme par le travail et par la faim, en attendant, sans doute, les coups de fusil... Au moins, avec lui, il n'y a pas d'erreur !...

ROBERT

Il ne s'agit pas de mon père... il s'agit de moi...

JEAN

Vous !... (*Il hausse les épaules.*) Allez donc débiter vos patenôtres aux camarades... Ce sont de pauvres diables, de douloureuses brutes, qui ne savent pas ce qu'ils veulent et qui ne croient qu'à la puissance des mots... Moi, je ne crois qu'à la puissance des actes... et je sais ce que je veux !

ROBERT, *avec tristesse.*

Le savez-vous, vraiment ?...

JEAN, *avec violence.*

Je veux vivre... vivre dans ma chair, dans mon cerveau, dans l'épanouissement de tous mes organes, de toutes mes facultés... Au lieu de rester la bête de somme que l'on fouaille, et la machine inconsciente que l'on fait tourner, pour les autres... je veux être un homme, enfin... un homme... pour moi-même!... Je ne sais pas, d'ailleurs, pourquoi je vous dis tout cela... C'est mon affaire... et non la vôtre... Adieu! (*Il veut s'éloigner.*)

ROBERT, *le retenant.*

Et si je vous apporte le moyen d'être cet homme-là... et de vivre?

JEAN

Allons donc!... L'aumône?... le panier de votre sœur?... la desserte de votre table?... la divine charité d'une pièce de cent sous, n'est-ce pas?... Et l'insulte de votre pitié?...

ROBERT

Non... ni aumôme, ni pitié... La foi en vous-même...

JEAN, *menaçant.*

Je l'ai...

ROBERT

Et en moi...

JEAN, *ironique.*

Grand merci du cadeau,... je sais ce qu'il coûte... Ah! vous êtes populaire, ici!... Dans les flammes, dans les fumées, brûlés, dévorés, convulsés, sous les lourdes charges des fontes liquides, des milliers d'êtres humains travaillent ici... espérant de vous, ils ne savent quoi... Aujourd'hui, vous êtes le rêve lointain de leur affranchissement... votre nom berce leurs chimères, et endort leurs révoltes... Et demain, vous serez... allons, avouez-le... député?...

ROBERT

Ne raillez pas!... Cela n'est digne ni de vous... ni de moi!

JEAN, *très grave.*

Je raille!... Est-ce que vraiment, je raille... (*Montrant la chambre de la mourante et parlant d'une voix plus sourdement étouffée.*) ici... dans cette maison, au seuil de cette porte, derrière laquelle une pauvre femme meurt de vous, comme sont morts de vous, ses deux fils, des hommes de vingt ans!... comme ceux-là... (*Montrant les enfants endormis.*) mourront, bientôt, de vous!... Ah! vous m'apportez la vie?... vous m'offrez le bonheur?... Allez-donc au cimetière, là-bas... au petit cimetière qui souffle sur nous, le soir, une odeur aussi empestée que celle de vos usines... allez et remuez-en la terre... et faites le compte de tous ceux-là qui sont morts pour vous... oui, pour vous... et pour que vous puissiez vous payer le luxe, aujourd'hui, d'être l'ami de ma souffrance et de ma misère!... Mon ami!... Mais comment donc?... Et combien votre père vous paie-t-il, pour cela?...

ROBERT, *découragé.*

Pourquoi m'insultez-vous?...

JEAN

Parbleu! c'est assez clair!... Il y a du mécontentement parmi nous; malgré notre résignation, notre lassitude, notre abrutissement, demain, peut-être... c'est la grève!... Oh! votre père est assez riche pour tenir le coup... et la grève n'est dangereuse, le plus souvent, que pour nous autres, qui finissons par en payer les frais... avec plus de servitude et de misère, toujours, et quelquefois avec notre sang... C'est entendu!... Oui, mais enfin, c'est aussi l'inconnu!... On tremble tout de même, pour ses usines, pour sa fortune, ou simplement pour ses bénéfices!... Alors, on a compté sur votre popularité... on a calculé que votre présence remettrait les choses dans l'ordre... Et vous êtes accouru!... Allons!... combien votre père vous paie-t-il pour cette belle besogne?

ROBERT

Pourquoi m'insultez-vous?... Je viens à vous la main tendue, et le cœur fraternel... Ah! je vous le jure!... Et vous m'insultez!... Vous vous croyez un homme libre, et vous ne savez pas, et vous ne voulez pas vous élever au-dessus des préjugés de l'ignorant, et des basses rancunes du sectaire! Je vous crie : « Marchons ensemble dans la lumière et dans l'amour, vers l'avenir! » Et vous vous enfoncez davantage, dans le passé des haines impuissantes... Que faut-il donc que je vous dise encore?

JEAN, *un peu calmé et gêné par ces paroles.*

Soit!... Je me suis trompé... Et vous êtes, peut-être, un brave garçon... Je ne sais pas... je ne sais rien... Mais pourquoi êtes-vous venu à moi?... Est-ce que je vous appelais?... Vous allez par un chemin... moi par un autre... Nous ne pouvons pas nous rencontrer...

ROBERT

Qu'en savez-vous!... puisque vous savez si mal ce que je suis!...

JEAN

Je sais qu'entre vous et moi, il y a des choses trop lointaines... et qui ne doivent pas et qui ne peuvent pas se rejoindre...

ROBERT

Entre ceux qui souffrent, il n'y a pas de cœurs lointains!...

JEAN

Des phrases!

ROBERT

Tout à l'heure, quand je suis entré ici... c'est vous surtout que j'ai vu... Je ne savais qui vous étiez... mais j'ai senti à votre attitude, un peu farouche, et à la tristesse... à l'immense tristesse de vos regards sur moi... j'ai senti que je vous aimais... Et j'ai voulu vous parler... j'ai voulu vous exprimer ce qu'il y avait de fraternel, dans mon cœur, pour vous! Rien de plus... Vous me repoussez. . Je ne sais plus que vous dire.

JEAN

Vous voyez bien!

ROBERT

Mon Dieu!... je comprends vos méfiances, puisque je devine en vous une pauvre âme violente, tourmentée et déçue... Mais je vous en conjure... écoutez-moi un instant... écoutez-moi... comme si j'étais le passant de votre chemin, le voyageur qui va vers le même espoir que vous .. Je ne suis pas celui que vous croyez... je me suis fait une existence libre des préjugés de ma caste... tous les avantages, tous les privilèges que la fortune offrait à ma jeunesse, je n'en ai pas voulu... je suis un travailleur comme vous... je n'attends rien que de moi-même... et je vis de ce que je gagne...

JEAN, *avec une tristesse infinie*.

Et moi, j'en meurs!... (*Tout à coup, il empoigne la main de Robert qu'il entraine vers la porte, et, d'un grand geste, il lui montre l'usine qui flambe dans la nuit... A mesure qu'il parle, sa voix se fait de plus en plus forte et retentissante...*) Eh bien! ces flammes... ces fumées... ces tortures... ces machines maudites qui, chaque jour, à toute heure, broient et dévorent mon cerveau, mon cœur, mon droit au bonheur et à la vie... ça... ça... ces gueules de fours... ces brasiers... ces chaudières que l'on bourre de mes muscles... de ma volonté... de ma liberté... à grandes pelletées... pour en faire la richesse et la puissance sociale d'un seul homme.. Eh bien... éteignez ça... détruisez ça... faites sauter tout ça... (*Il lâche rudement la main de Robert.*) Après... nous pourrons causer...

ROBERT

Prenez garde, malheureux!... Il y a ici une femme qui meurt... et de pauvres petits enfants qui dorment!... (*Robert referme la porte. Jean remonte par le haut de la scène, où il s'affale sur une chaise, la tête dans ses mains. Silence. Robert marche vers lui, et lui frappe sur l'épaule.*) Etes-vous plus calme, maintenant?... (*Jean lève les yeux, sans parler, vers Robert, et le regarde avidement.*) Donnez-moi votre main... (*Jean tend la main.*)

JEAN

J'ai eu tort... j'ai...

ROBERT, *l'interrompant doucement.*

Ne dites plus rien... Ah, votre souffrance, je la connais... c'est la mienne!... (*Silence. Rentrent Geneviève, Madeleine. Louis Thieux apparaît dans la porte, et après de silencieux adieux, rentre dans la chambre.*)

SCÈNE VIII

GENEVIÈVE, MADELEINE, ROBERT, JEAN

GENEVIÈVE, *à Madeleine.*

Du courage, Madeleine!... C'est un bien pénible moment!... J'ai passé par là!... Je vous plains de tout mon cœur!...

MADELEINE

Merci, mademoiselle!...

GENEVIÈVE

Et n'oubliez pas surtout que je suis votre amie?

MADELEINE

Oui, mademoiselle...

GENEVIÈVE

Allons... au revoir!... J'enverrai prendre des nouvelles, demain matin!... Du courage! du courage!... (*Elle embrasse Madeleine, Robert lui serre la main.*) A demain! (*Ils sortent tous les deux.*)

SCÈNE IX

JEAN, MADELEINE

MADELEINE

Allons!... (*Elle aperçoit le panier et se tourne vers Jean, toujours assis sur sa chaise.*)

JEAN

Oui, c'est elle qui l'a apporté... (*Un peu amer.*) Il y un corsage pour vous... des bonbons pour eux... et du vin pour la mère!... C'est une bien charitable personne!

MADELEINE, *elle prend le panier et va le porter sur le buffet.*

Elle fait ce qu'elle peut!... (*Silence. Madeleine se rassied devant la table et reprend son travail.*)

JEAN, *il va vers Madeleine et appuie son bras au dossier de la chaise où elle est assise.*

Madeleine!

MADELEINE

Jean!...

JEAN

La nuit sera longue pour vous... et il me semble que je ne pourrais pas rentrer chez moi... Voulez-vous que je reste un peu, ici... avec-vous?

MADELEINE

Oui, Jean... je veux bien... Vous êtes bon de ne pas me quitter... de ne pas quitter le père... Si le malheur vient cette nuit... vous le consolerez!...

JEAN

Et je voudrais vous dire des choses que je ne vous ai pas dites encore...

MADELEINE

Parlez, Jean... Quand vous parlez, je suis moins malheureuse.

JEAN

Vrai?...

MADELEINE

Oh oui!.., Depuis que vous êtes notre ami... et que vous venez ici, presque tous les jours... c'est vrai... je crois que je suis moins malheureuse...

JEAN

Chère Madeleine!

MADELEINE

Du moins, on se l'imagine... On oublie son malheur pendant quelques minutes... et, durant ces minutes-là... c'est comme s'il n'était plus... Jusqu'aux petits!... Quand vous êtes là, ils ne pleurent jamais... Vous savez si bien parler aux enfants... les faire sauter sur vos genoux... leur dire de beaux contes!...

JEAN, *ému.*

Ce que j'ai à vous dire, Madeleine, ce ne sont pas des contes joyeux... ce sont des paroles graves... puisque c'est de l'amour... (*Mouvement de Madeleine.*) Et le moment de vous les dire ces paroles... est grave aussi... (*Il montre la porte de la chambre.*) puisque c'est de la mort!... (*Madeleine frissonne.*) Madeleine, je vous donne ma vie... voulez-vous me donner la vôtre?... (*Madeleine s'interrompt de travailler, et regarde Jean avec des yeux d'adoration et de tristesse.*) Madeleine, répondez-moi!

MADELEINE, *d'une voix émue et tremblante.*

Je ne puis quitter mon père... je ne puis quitter les enfants qui n'ont plus que moi, maintenant...

JEAN

Je ne vous demande pas de déserter votre devoir... je vous demande de vous aider à l'accomplir, autant qu'il me sera possible... Nous ne serons pas trop de deux pour cela!

MADELEINE

Mon père vous aime, Jean... mais il a peur de ce que vous êtes... vous êtes un mystère pour lui!... Et lui, c'est un homme si timide! Il sait bien que vous êtes ici, en passant... que vous partirez d'ici bientôt... Hier, il disait encore : « Oh! Jean a dans la tête des choses qui ne sont pas bonnes... il lui arrivera malheur! » Mon père ne voudra pas que je sois à vous...

JEAN

Vous vous appartenez, toute... vous n'êtes à personne d'autre qu'à vous-même... Nul n'a le droit de décider de votre destin...

MADELEINE

Mon destin!... Il est dans cette maison... avec ceux qui restent et qui ont besoin de moi!

JEAN

M'aimez-vous?

MADELEINE

Depuis le jour où vous êtes entré ici, pour la première fois...

JEAN

Eh bien?

MADELEINE

Eh bien, il ne faut pas penser à ce que vous dites... parce que si vous partiez... je ne pourrais pas... je ne devrais pas vous suivre..

JEAN

Je ne puis pas vous promettre, en effet, de ne point partir d'ici... Il peut arriver des événements... que je ne suis pas le maître de diriger... (*Energique.*) Il peut arriver aussi que tout le monde soit obligé de partir d'ici... (*Court silence.*) Mais, tant que je le pourrai, je resterai!...

MADELEINE

Il ne faudrait pas rester pour moi, Jean... Je ne suis rien en face des choses que vous avez décidé d'accomplir...

JEAN

Que voulez-vous dire?

MADELEINE

Je ne sais rien... puisque vous ne m'avez rien confié... mais, depuis longtemps, j'ai vu dans vos yeux ce qu'il y a dans votre âme... Et puis, vous avez dit, tout à l'heure : « Il peut arriver aussi que tout le monde soit obligé de partir d'ici !... » (*Un silence.*)

JEAN, *rêveur.*

Je n'ai rien décidé, Madeleine... J'ai rêvé... oui, j'ai rêvé... à des choses, peut-être... à de grandes choses, peut-être... Mais si la fièvre de l'action, le désir de la lutte me reprennent... c'est pour vous... par vous... avec vous !...

MADELEINE

Pour moi !... avec moi !... Je suis une pauvre fille, triste et malade... je ne suis pas belle !...

JEAN

Pas belle !... Oh! Madeleine... vous n'avez pas la beauté insolente des riches, faite de nos dépouilles et de notre faim... vous avez la beauté que j'aime... la beauté sainte de la souffrance... et je m'agenouille devant vous !... (*Il s'agenouille devant Madeleine et lui prend les mains.*) Votre pauvre visage déjà flétri... vos épaules déjà courbées... vos mains, vos petites mains pâles... dont les doigts sont usés de travail... et vos yeux... ah! vos yeux déjà rougis à tant de tristesses et à tant de larmes... vous ne savez pas de quel amour puissant et sacré ils m'ont gonflé le cœur !... Et comme ils ont aussi ranimé ma haine !... Pas belle !... Parce que vous n'avez pas eu de jeunesse encore... parce que vous avez eu trop de misères toujours !... Vous êtes comme une pauvre petite plante qui n'aurait jamais vu la lumière !... Mais la lumière, si je vous l'apporte !... mais la jeunesse, si je vous la redonne !... mais la misère, si je l'efface, avec toute ma tendresse, de votre visage et de votre cœur !...

MADELEINE

Ne me dites pas cela... ne me dites pas cela... Vous me faites pleurer !...

JEAN

Et votre âme !... vous croyez que je ne l'ai pas devinée, entre toutes les autres, votre âme de pureté, de sacrifice, d'héroïsme tranquille et doux !... (*Il se relève.*) Eh bien, oui, j'ai une œuvre de vengeance et de justice à accomplir !... Mais pour cela, il me faut une compagne comme vous... une femme à l'âme vaillante comme la vôtre !...

MADELEINE

Jean... ne me dites pas cela... je vous en prie !... Je n'ai pas de vaillance... Vous voyez bien... je ne fais que pleurer !...

JEAN

Parce que vous êtes seule... toute seule... en face de choses trop terribles... A deux, unis dans l'amour, on ne craint rien... pas même de mourir.

MADELEINE, *avec exaltation.*

Je ne crains pas de mourir... je ne crains pas de mourir... je crains seulement de n'avoir pas la force de faire... ce que j'ai à faire maintenant...

JEAN

Vous avez à être heureuse !... Et c'est à moi à vous l'assurer ce bonheur... à vous le conquérir !... Je m'en sens la force, aujourd'hui !... (*Il vient s'asseoir près de Madeleine.*) Ah! il faut que je vous ouvre toute mon âme!... Ecoutez-moi!... Quand je suis venu ici, il y a un an... j'étais las... oh! bien las, je vous jure!... découragé de la lutte... sans foi, désormais, dans les hommes et dans moi-même... Ma vie, je l'avais donnée aux autres... je l'avais usée pour les autres... Et ils ne m'avaient pas compris... ils ne m'ont compris nulle part!... Et pourtant, ma pauvre enfant, j'ai roulé, roulé, Dieu sait où!... au Brésil, à New-York, en Espagne, en Belgique, en Angleterre, du nord au sud de la France, partout j'ai traversé les enfers du travail... les bagnes de l'exploitation humaine... Quelle pitié!... Et, partout, je me suis heurté à de l'ignorance sauvage, à de la méchanceté bête, à ce mur infranchissable qu'est le cerveau du prolétaire!... Chaque fois que j'ai tenté de réveiller la conscience au cœur des individus... chaque fois que j'ai parlé aux foules, de justice et de révolte... de solidarité et de beauté... Ah! bien oui!... Les uns m'ont ri au nez... les autres m'ont dénoncé... Et ils ont dit que j'étais de la police!... Des esclaves et des brutes!...

MADELEINE

Des malheureux, Jean!... et d'autant plus à plaindre qu'ils ne peuvent pas comprendre!... Ça n'est pas de leur faute!

JEAN, *rêveur.*

C'est vrai!... S'ils comprenaient... (*Il fait un grand geste.*) l'œuvre serait accomplie... (*Un silence.*) Tout le monde serait heureux!.. (*Un silence pendant lequel Jean reste perdu comme dans un rêve.*)

MADELEINE

Vous ne dites plus rien?...

JEAN, *reprenant son récit.*

C'était, chaque fois, une chute plus profonde du haut de mon rêve!... Et c'était aussi, chaque fois, plus de misères, de douleurs pour moi!.... Je fus expulsé de Rio-Janeiro, à la suite d'une grève... Réfugié en Espagne, j'y fus tout de suite dénoncé... Englobé dans une conspiration anarchiste, arrêté sans raison, condamné sans preuves... durant deux longues années — ah! comment n'ai-je pas laissé aux mains des tourmenteurs ce qui me restait d'intelligence et de vie — je pourris dans les affreux cachots de Barcelone... et je n'en sortis que pour voir garrotter, au milieu d'une foule ivre de sang, mon ami Bernal Diaz... cet enfant à cœur de héros, dont je vous ai parlé quelquefois!...

MADELEINE

Oui... ah! oui!... Ce fut horrible!...

JEAN

J'avais juré de le venger... mais on est lâche quelquefois... Quand on n'a rien dans le ventre, voyez-vous... on n'a rien non plus dans le cœur!... (*Un silence.*)

MADELEINE

Et puis? ..

JEAN

Et puis... traqué par la police, sans travail, sans gîte, errant de ville en ville, crevant de faim, un jour à Bordeaux, on me jeta en prison, parce que j'avais volé un pain...

MADELEINE

Comme vous avez souffert!...

JEAN

J'ai souffert, oui... mais plus que des jours de

famine, plus que des nuits sans couvert, plus que de la détresse qui harcèle les vagabonds sur les routes où personne ne passe et dans les villes où tout le monde les repousse; j'ai souffert de l'indifférence des hommes, et de l'inutilité de mes efforts à leur enseigner le bonheur!... J'ai souffert de moi-même, surtout... de ma faiblesse intellectuelle, de mon ignorance... de tout ce vague... de tout ce bouillonnement confus où se perdaient mes élans... Et, souvent, je me suis demandé si j'avais bien le droit d'arracher les misérables à leurs ténèbres, pour les replonger, plus profond, peut-être, dans ma nuit à moi!... Robert Hargand avait raison, tout à l'heure!... Oh! ne rien savoir... être arrêté à chaque minute, dans un enthousiasme, par sa propre impuissance!... Et cette affreuse pensée qu'il n'existe, peut-être, nulle part, une justice!...

MADELEINE, *avec élan.*

Vous, Jean!... vous!... vous qui savez de si grandes choses!... vous qui dites des choses si belles, et comme il y en a dans les livres!...

JEAN

Il y a bien du néant dans les livres, ma pauvre Madeleine!... (*Il se redresse.*) Mais c'est fini!... D'être venu ici, après tant de fatigues, de déceptions, de routes si longues!... d'avoir aimé cette pauvre maison où c'était comme une famille pour moi qui n'ai pas eu de famille... de vous avoir chérie, Madeleine, plus qu'une femme, comme une croyance retrouvée... toutes mes détresses morales, tous mes doutes se sont dissipés... Je ne m'en souviens plus... Avec des forces neuves... avec une foi plus violente dans l'avenir, j'ai reconquis tout mon orgueil... Et c'est à toi que je dois d'être redevenu cet homme nouveau... car ce n'est pas toi seulement que j'ai aimée, entends-tu bien... c'est toute l'humanité, et c'est tout l'avenir et c'est tout mon rêve que j'ai aimés en toi!... (*Il la prend dans ses bras.*)

MADELEINE, *elle s'abandonne.*

Taisez-vous!... Oh! taisez-vous!... vous ne pouvez pas me dire de telles paroles... C'est trop beau!... Je n'aurais pas le droit d'être si heureuse!...

JEAN

On peut tout nous prendre, Madeleine... on ne peut pas nous prendre ce bonheur-là, que nous avons créé de nous-mêmes... Tous les deux, désormais, nous serons forts contre la vie... toi par moi... moi par toi!...

MADELEINE, *avec un peu d'extase.*

Ce n'est pas possible!... ce n'est pas possible!...

JEAN

Et quand, dans notre maison, je rentrerai du travail ou de la lutte, fatigué, peut-être, écœuré aussi, peut-être, pense à cette joie, à cette lumière... tes yeux, Madeleine, ta voix, Madeleine, ton cœur, Madeleine... ton grand courage, Madeleine, Madeleine, Madeleine!...

MADELEINE, *presque défaillante.*

Oh! Jean! Jean! Est-ce possible? Des pauvres, comme nous, il ne faut pas défier le bonheur!... Il ne faut pas, surtout, me croire plus que je ne suis...

JEAN

Tu es celle par qui je crois encore à ce qui doit arriver!...

MADELEINE

C'est trop!... c'est trop!... Tu me brises... Et si cela n'était pas possible?... Rien que d'avoir entrevu ce bonheur... ah ! j'en suis sûre, je mourrais !... (*Jean l'étreint chastement. Madeleine s'abandonne tout à fait.*) D'où donc es-tu venu, mon Jean, pour un tel miracle?... Je suis forte et légère dans tes bras... je ne sens plus le poids de mon corps... ni le poids de mon cœur... je suis heureuse... heureuse... heureuse !... (*Elle pleure.*) Ah ! ton cœur à toi, qui bat comme une forge !...

JEAN

Ne dis plus rien !...

MADELEINE

Oui !... oui !

JEAN

Reste contre moi...

MADELEINE

Oui... oui !... (*Silence. D'une voix faible.*) Et le père ?... Et les petits ?...

JEAN, *la berçant.*

Nous les garderons... Nous les protégerons !... (*Silence.*)

MADELEINE, *comme dans le rêve*

Mon Dieu ! mon Dieu !... Est-ce que c'est possible ?... (*Tout à coup, elle s'arrache à l'étreinte, se lève, regarde, vers la chambre. D'une voix haletante.*) Et maman ?... et maman ?... Là !...

JEAN, *il s'est levé aussi et regarde vers la chambre.*

Madeleine !

MADELEINE

Il a poussé un cri... Il m'appelle !... (*On entend comme un bruit étouffé : Madeleine !... Madeleine !...*) Ah !

JEAN

Le malheur est venu !... (*La porte s'ouvre. Louis Thieux apparaît, hagard, très pâle, trébuchant.*)

SCÈNE X

LES MÊMES, LOUIS THIEUX

MADELEINE

Maman est morte !... maman est morte !... (*Elle se précipite dans la chambre. De la chambre on entend sa voix, ses sanglots, ses appels.*) Maman !... maman !... Maman est morte ! (*Louis Thieux marche en trébuchant. Jean le soutient, le fait asseoir sur une chaise où il tombe d'un bloc, la tête dans ses mains. L'usine au loin fait rage.*)

SCÈNE XI

JEAN, LOUIS THIEUX, LA MÈRE CATHIARD,
UN GROUPE DE VIEILLES FEMMES

La mère Cathiard et quelques voisines apparaissent, dans l'encadrement de la porte. Au bruit, Jean s'est retourné, il fait signe aux femmes que le malheur est consommé. Gestes plaintifs des femmes qui se retirent silencieusement, après avoir refermé la porte.

SCÈNE XII

LOUIS THIEUX, JEAN

JEAN, *après un silence, debout près de Louis Thieux.*

C'est donc fini ? (*De la chambre, on entend la voix*

sanglotante de Madeleine. Jean va refermer la porte et revient près de Louis Thieux.) Mon pauvre Thieux!...

LOUIS THIEUX

Une femme comme ça!... Une femme comme ça!.. J'étouffe!... j'ai trop chaud... De l'air!... Ouvre la porte... *(Jean va ouvrir la porte. L'usine semble alors un incendie. Pendant toute la scène, on l'aperçoit, qui, furieuse, crache des flammes rouges, vertes et fait un bruit infernal. Jean revient près de Louis Thieux.)* Une femme comme ça!... Une femme comme ça!... *(Jean laisse quelques minutes Louis Thieux à sa douleur, puis, doucement, il lui pose la main sur l'épaule.)*

JEAN

Sois un homme, mon vieux camarade!... Tu n'es pas seul à souffrir ici... Pense à Madeleine... pense à ceux-là!... C'est le moment de montrer du courage et de la résolution... Il faut essayer de dominer la mort!...

LOUIS THIEUX, *secouant la tête.*

C'est fini!... c'est fini!...

JEAN

C'est fini pour toi... Soit!... Mais pour eux, ça commence!... Allons!... redresse-toi... et regarde ta misère, en face!... Car l'heure est venue!...

LOUIS THIEUX, *avec un peu d'irritation.*

Et que veux-tu que je fasse?...

JEAN

Ton devoir!...

LOUIS THIEUX, *avec une sorte d'effroi.*

Pas aujourd'hui!... Ne parle pas de ça!... Non... non... pas aujourd'hui!...

JEAN, *lui montrant la chambre.*

A quel autre moment de ta douleur, puis-je t'en parler mieux qu'aujourd'hui ?...

LOUIS THIEUX

Laisse-moi... Oh laisse-moi !... Je ne peux pas !... je ne peux pas !...

JEAN

Tu te crois lié par la reconnaissance envers le patron, envers sa fille que j'avais envie d'étrangler tout à l'heure !... Leurs bienfaits t'enchaînent ?... Eh bien, parlons-en !... Voilà vingt-sept ans que tu en jouis ! Qu'y as-tu gagné ?... Des privations... des dettes... et de la mort, toujours !

LOUIS THIEUX, *il se bouche les oreilles.*

Laisse-moi... je t'en prie !... je t'en prie !

JEAN

Mais regarde en toi-même... regarde autour de toi !... Te voici au bord de la vieillesse, épuisé par les labeurs écrasants, à demi tué par l'air empoisonné que l'on respire ici... tu n'es plus qu'une scorie humaine... Tes deux grands qui, maintenant, seraient pour toi, un soutien... sont morts de ça... (*Il montre l'usine.*) ta femme est morte de ça... Madeleine et les petits à qui il faudrait de l'air, de la bonne nourriture, un peu de joie, de soleil au cœur, de la confiance... meurent de ça, lentement, tous les jours... Et c'est pour de tels bienfaits, qui sont des meurtres — des meurtres volontaires et calculés, entends-tu bien — que tu aliènes aux mains de tes assassins... des assassins de ta famille... ta liberté et la part de vie des tiens !... C'est pour des mensonges, de honteuses aumônes, pour des chiffons inutiles... pour la desserte des cuisines que leur charité jette à ta faim, comme on jette un os à un chien... C'est pour ça... pour ça... que tu t'obstines à ne pas te plaindre, à ne pas prendre ce qui est à toi .. et à rester la brute servile soumise au bât et au joug, au lieu de t'élever jusqu'à l'effort d'être un homme !

LOUIS THIEUX

Non... non... pas aujourd'hui !...

JEAN

Pas aujourd'hui !... Mais quand?... Quelles autres morts attends-tu donc?... Dans ce milieu maudit... sur ce sol de supplice et de terreur, où le vrai crime fut que, depuis cent ans, aucun, sous l'épuisement de la fatigue, la défaite quotidienne de la faim, n'ose élever la voix... si j'ai fait ce que j'ai fait... si j'ai pu faire entendre la nécessité d'un changement, le besoin de la grève, à des êtres qui n'avaient jamais compris que l'acceptation de leur martyre... si je suis arrivé à remuer ces lourdes âmes inertes et sans courage... c'est pour toi, mon pauvre Thieux, pour les tiens, à qui j'ai voué tout mon amour et toute ma pitié !... Ah ! comment n'as-tu pas senti cela !... Comment ton esprit ne s'est-il pas échauffé à la chaleur du mien !... Et comment, à force de souffrir toi-même, ne t'es-tu pas dit, spontanément, qu'il y a des heures héroïques et douloureuses où il faut savoir tout tenter... où il faut savoir mourir... pour les autres?

LOUIS THIEUX, *obstiné, avec une voix d'enfant.*

Je comprends... je comprends... mais, pas aujourd'hui... Laisse-moi pleurer... ne me parle plus aujourd'hui...

JEAN

Allons... soit !... Quand demain tu sentiras ta maison

un peu plus vide de ce que tu as aimé... quand tu verras que si la pauvre morte est partie, la mort, elle, est restée ici... et qu'elle rôde toujours, et qu'elle se penche sur ceux-là qui demeurent encore près de toi... pour combien de temps?... tu viendras, de toi-même, me crier ta vengeance!... Tu as raison... je ne te dirai plus rien, ce soir... Repose-toi, va!... Etends-toi sur ce matelas... (*Il le fait lever, le soutient.*)

LOUIS THIEUX, *en passant devant les petits lits, avec des balbutiements.*

Ces pauvres petits!... Cette pauvre Madeleine... C'est vrai!... Ça n'est pas juste!...

JEAN, *il le fait s'étendre sur le matelas.*

Tâche de dormir un peu... Je voudrais te bercer comme on berce les petits enfants!... Endors-toi!

LOUIS THIEUX, *indiquant la chambre.*

Je voudrais l'embrasser!... je ne l'ai pas embrassée...

JEAN

Tu l'embrasseras, tout à l'heure... Je te mènerai près de son lit... Endors-toi!...

LOUIS THIEUX

Mon Dieu!... mon Dieu!... Ça n'est pas juste... Ça n'est pas juste!... (*A ce moment, la mère Cathiard entre dans le fond, une branche de lilas à la main.*)

SCÈNE XIII

LA MÈRE CATHIARD, DEUX VIEILLES FEMMES, LOUIS THIEUX, JEAN

Jean lui montre la chambre. La mère Cathiard va

déposer la branche, revient, traverse la scène et sort. Une autre vieille apparaît, une branche d'églantine à la main. Jean lui montre la chambre. L'autre vieille va déposer l'églantine, revient, traverse la scène, et sort. Un autre voisine apparaît ne portant rien. Elle s'agenouille sur le seuil, fait le signe de la croix, marmotte quelques prières, se relève et s'en va.

SCÈNE XIV

LOUIS THIEUX, JEAN

LOUIS THIEUX, *se soulevant un peu sur le matelas.*

Ferme la porte... Je ne peux plus voir l'usine... je ne veux plus entendre l'usine... (*Jean va fermer la porte. Pendant ce temps, le rideau tombe.*)

FIN DU PREMIER ACTE

ACTE II

ACTE II

Un atelier luxueux. Grande porte au fond, ouverte à deux battants, sur un riche vestibule éclairé par une large baie qui s'inscrit, en perspective, dans le rectangle de la porte. On aperçoit, dans le vestibule, la rampe d'un escalier monumental, toute dorée, des statues, aux murs des tapisseries anciennes et des-tableaux que coupent les lignes carrées de la porte. Dans l'atelier, une grande baie, à droite. Porte à-gauche, dissimulée par une portière de soie brodée. Chevalets supportant des toiles. Selles drapées avec des statuettes. Sur les murs blancs, des tapisseries, des étoffes précieuses, des études.

SCÈNE PREMIÈRE

LA MÈRE CATHIARD, UNE FEMME DE CHAMBRE.

La mère Cathiard est dans l'atelier, attendant Geneviève. Elle regarde tout, meublés, tapis, bibelots, avec des yeux où se mêlent des sentiments d'admiration et de haine. Une femme de chambre visiblement la surveille, tout en rangeant quelques bibelots, en rassujettissant quelques fleurs dans des vases. Elles ne se disent rien... Quand la femme de chambre regarde la mère Cathiard, elle a des moues insolentes, des dédains qu'elle ne prend pas la peine de dissimuler. Jeu de scène.

LA FEMME DE CHAMBRE, *entendant des pas dans l'escalier.*

Voici mademoiselle!... (*Entre Geneviève. La femme de chambre sort.*)

SCÈNE II

GENEVIÈVE, LA MÈRE CATHIARD

GENEVIÈVE

Je suis en retard... (*La mère Cathiard s'incline respectueusement. Regardant la pendule.*) Deux heures!... C'est affreux!... (*A la mère Cathiard.*) Mais nous allons rattraper le temps perdu, n'est-ce pas?... (*Elle dispose la toile, et prépare sa palette.*)

LA MÈRE CATHIARD, *elle a repris un air obséquieux où, pourtant, un peu de haine est resté.*

Bien sûr que nous allons le rattraper, mademoiselle!...

GENEVIÈVE

Arrangez-vous comme hier... Vite... vite... Les affaires sont là!... (*Elle indique un paquet sur un divan.*)

LA MÈRE CATHIARD

Oui, mademoiselle... (*Un domestique entre, portant un plateau chargé de verres et de boissons, qu'il dépose sur une petite table et s'en va.*)

GENEVIÈVE, *pendant que la mère Cathiard défait le paquet et s'arrange.*

Eh bien!... C'est donc la grève, cette fois!... Ah! c'est du propre!

LA MÈRE CATHIARD, *avec des regards en dessous.*

Je ne sais pas, moi, mademoiselle.

GENEVIÈVE

Comment, vous ne savez pas?...

LA MÈRE CATHIARD

Oh! moi, d'abord.., je ne m'occupe point de ces affaires-là!... Oh! mais non!

GENEVIÈVE

Vous ne pouvez pas ignorer, pourtant, qu'il y a une réunion des ouvriers, en ce moment même, au bal Fagnier... et que, dans une heure, peut-être... ils auront voté la grève!

LA MÈRE CATHIARD

Ça se peut bien!... ça se peut bien!... Mais je ne sais rien, moi... Et, comment voulez-vous?

GENEVIÈVE

Voyons!... Vous avez bien entendu parler les uns et les autres... Ils ont fait assez de bruit, hier soir!... Et les affiches rouges!... et les proclamations!... toutes ces horreurs!

LA MÈRE CATHIARD

Ben oui!... J'ai entendu par-ci, par-là... Mais vous savez, ma bonne demoiselle, à mon âge!... Tout çà m'entre par une oreille et me sort par l'autre!...

GENEVIÈVE

Enfin, vous ne voulez rien dire?

LA MÈRE CATHIARD

Bonté du ciel!... Si vous croyez qu'ils viennent me conter leurs affaires!... Ah! bien oui!... Tenez, je vais vous dire ce que je crois... J'crois que c'est des machines comme çà... pour rire... et qu'il n'y aura pas plus de grève que dans le creux de ma main... Après la réponse de votre père aux délégués... ils vont réfléchir... pensez bien!

GENEVIÈVE

Ils auront raison... Mon père est à bout de patience... Il a fait tout ce qu'il a pu... il a fait plus qu'il ne pouvait même... S'ils s'entêtent, il les brisera!...

LA MÈRE CATHIARD

Ben oui!... ben oui!...

GENEVIÈVE

Et votre fils?

LA MÈRE CATHIARD

Mon fils?...

GENEVIÈVE

Eh oui, votre fils!... Vous n'allez pas me raconter que vous ne savez rien de votre fils?...

LA MÈRE CATHIARD, *un peu gênée.*

C'est jeune... c'est faible... ça n'a pas de tête... ça se laisse entraîner par les uns, par les autres... Mais, dans le fond, c'est solide, allez!... C'est bon!... Oh! pour çà!...

GENEVIÈVE

Il paraît, au contraire, qu'il est parmi les plus enragés!...

LA MÈRE CATHIARD

Lui! Seigneur Jésus!... Ceux qui vous ont rapporté ça, mademoiselle, ce sont de fameux menteurs, sauf vot' respect... et qui veulent me nuire... Faudrait que vous l'entendiez quand il parle de vous, de votre père... Ah! il vous est ben attaché, allez... bien attaché!...

GENEVIÈVE

Tant mieux!... Vous devez comprendre que je ne pourrais plus continuer avec vous si votre fils était notre ennemi!... Moi qui suis si bonne pour tout le monde!

LA MÈRE CATHIARD

Ça! c'est vrai!... En voilà-t-il des histoires!... En voilà-t-il des histoires!...

GENEVIÈVE

Et Madeleine?... Et Thieux?... N'est-ce pas une honte?

LA MÈRE CATHIARD, *d'une voix sans expression.*

Oh! pour ça!...

GENEVIÈVE

Des gens que nous avons comblés de toutes les manières!... Vous le savez, vous?...

LA MÈRE CATHIARD, *même jeu.*

Ha!... ha!...

GENEVIÈVE

C'est une infamie!... Ils me doivent tout! Eh bien, ils iront maintenant, elle et son père, demander des secours à leur Jean Roule!...

LA MÈRE CATHIARD, *même jeu.*

Oui!... oui!...

GENEVIÈVE

Et qu'est-ce que c'est que ce Jean Roule, qui mène tout ce mouvement?

LA MÈRE CATHIARD

Je ne sais pas... Et, comment voulez-vous?...

GENEVIÈVE

Un méchant homme!... un bandit!... un assassin!... Je l'ai vu chez Thieux, le soir de la mort de Clémence!... Ah! comme il m'a regardée!... Avec quels yeux!

LA MÈRE CATHIARD

Ainsi!... Voyez-vous çà!... (*La mère Cathiard a fini de s'habiller.*) Mademoiselle Geneviève... me voilà prête!..

GENEVIÈVE

C'est cela... travaillons... Cela vaudra mieux que de dire des paroles inutiles... Enfin, qu'est-ce qu'ils veulent?... Je voudrais savoir ce qu'ils veulent.

LA MÈRE CATHIARD (*Elle hausse les épaules.*)

C'est ça!... Qu'est-ce qu'ils veulent?... (*En ce moment, entre Robert.*)

SCÈNE III

ROBERT
GENEVIÈVE, LA MÈRE CATHIARD

GENEVIÈVE, *ennuyée.*

Ah! c'est toi?

ROBERT, *à la mère Cathiard qui s'incline.*

Bonjour, mère Cathiard!... (*A Geneviève.*) Je te dérange?...

GENEVIÈVE

Non... Mais pourquoi n'es-tu pas resté avec nos amis?

ROBERT

Je ne pouvais plus...

GENEVIÈVE

Tu vas me parler et cela me gêne quand je travaille... (*Robert s'approche de la toile... Geneviève la *retourne contre le chevalet.*) Ah!... tu vois?... Non... non... je ne veux pas... Tu te moquerais de moi, encore... (*A la mère Cathiard.*) Eh bien?... Et le panier d'oranges?... (*La mère Cathiard fait un geste qui signifie qu'elle a oublié et va chercher le panier d'oranges dans un cabinet, au fond de la pièce.*)

ROBERT

Ma chère Geneviève... tes amis m'irritent!... Ils me font du mal!... J'ai cru que je ne pourrais pas attendre la fin du déjeuner... Et si, tout à l'heure, je ne m'étais sauvé du billard où ils boivent le café, en parlant des femmes, de l'immortalité de l'âme, du socialisme du pape, de chasse et de chevaux... je crois que j'aurais éclaté!.. Il se passe ici des choses terribles... et voilà de quoi ils se préoccupent!... Comment mon père peut-il vivre avec d'aussi sinistres imbéciles?...

GENEVIÈVE

Toi, d'abord, tu trouves tout le monde bête!... Mais tu sais qu'avant de s'en aller, ils reviendront ici?...

ROBERT

Ah! ici, ils vont parler d'art... car ils ont également des idées sur l'art!... Ils ne seront plus odieux, ils ne seront que comiques!... Et leur comique me réconforte... il me donne un peu plus de fierté de moi-même. (*La mère Cathiard revient avec le panier d'oranges.*)

GENEVIÈVE

Eh bien... prends un livre... lis... et tais-toi!... (*A la mère Cathiard.*) A nous deux, maintenant!... (*Robert s'assied sur un divan... Geneviève s'assied en face du chevalet qu'elle met au point... A Robert.*) Eh bien, lis-tu?

ROBERT, *moitié sérieux, moitié railleur.*

C'est dans ton âme que je lis!...

GENEVIÈVE

Que tu es énervant!... (*Silence... La mère Cathiard a pris la pose. Geneviève compare le modèle et la toile, avec de petits hochements de tête.*) Ça n'est pas tout à fait cela... La tête un peu plus à gauche, un peu plus penchée... encore... Ah! bien... très bien!... Ne bougez pas!... (*Elle se lève, arrange quelques plis de la robe, et regarde l'effet .. Avec des gestes de peintre.*) Est-elle belle!... quel accent!... quel dessin!... Quel... (*Elle achève la phrase dans un geste. Puis elle se met à peindre... Silence.*) Oh! ces tons de vieil ivoire!... Ce visage creusé... ce décharnement!... C'est exaltant!... (*Silence; au bout de quelques secondes, Geneviève fronce le sourcil, pose la palette sur ses genoux, devient plus attentive et grave.*) Mais non, ce n'est pas cela du tout... Je ne sais pas ce qu'il y a aujourd'hui... Je ne retrouve plus l'expression... Mère Cathiard, vous n'avez plus l'expression... Votre figure est dure et méchante, aujourd'hui... (*Jeu de physionomie de la mère Cathiard.*) Mais non... mais non... ce n'est pas cela... Vous n'êtes plus du tout dans le sentiment!... Prenez une physionomie triste... très triste!... Vous n'êtes pas méchante... vous êtes très triste!... Rappelez-vous ce que je vous ai dit... Faites comme si vous aviez beaucoup de misères... beaucoup de chagrin... faites comme si vous pleuriez!... (*La physionomie de la mère Cathiard prend une expression sinistre. Elle dirige sur Geneviève comme des regards de louve. Robert qui a suivi toute cette scène, se lève du divan.*) Voyons... vous ne me comprenez pas?... (*Avec un peu d'impatience.*) Comme si vous pleuriez!... Ça n'est pourtant pas difficile!... (*L'intensité du regard de la vieille et sa fixité deviennent tellement gênantes que

Geneviève tout à coup frissonne se lève aussi et recule.) Pourquoi me regardez-vous ainsi ?... Vous ne m'avez jamais regardée ainsi !... Est-ce que vous êtes malade ?...

ROBERT, *intervenant, sévère.*

Geneviève !...

GENEVIÈVE, *agacée.*

Que veux-tu, toi ?...

ROBERT

Tu es trop nerveuse... tu n'es pas en train de travailler... Et vous, mère Cathiard, rentrez chez vous !... (*La mère Cathiard regarde Geneviève et Robert d'un air hébété, maintenant.*) Cela vaut mieux... croyez-moi !... (*La mère Cathiard se lève, se défait.*)

GENEVIÈVE

Pourquoi dis-tu cela ?... Pourquoi fais-tu cela ?...

ROBERT, *impérieux.*

Je t'en prie ! Ne m'oblige pas à faire plus.

GENEVIÈVE, *déposant palette et pinceaux, et payant la mère Cathiard.*

Vous reviendrez demain, alors ?

ROBERT, *vivement.*

Elle ne reviendra plus !...

GENEVIÈVE, *impatiente et gênée.*

Mais... pourquoi ?...

ROBERT, *lui coupant la parole.*

Chut !...

GENEVIÈVE

Es-tu fou ?... Qu'est-ce qu'il te prend ? Robert !... Ah ! Robert !... toi aussi, tu as des yeux méchants !

LA MÈRE CATHIARD, *elle a fini de se déshabiller et elle est prête à partir.*

Mademoiselle... monsieur Robert... faites excuse !...

ROBERT

Allez, maintenant, mère Cathiard... Et n'emportez pas de cette maison trop de haine !... (*La mère Cathiard sort lentement, pesamment, avec des airs de ne pas comprendre. Geneviève a sonné. La femme de chambre se présente et reconduit la mère Cathiard qui, avant de disparaître, montre son profil dur, sur le fond lumineux de la baie du vestibule.*)

SCÈNE IV

ROBERT, GENEVIÈVE

GENEVIÈVE, *fâchée, avec de petites larmes qu'elle essuie.*

M'humilier ainsi !... devant cette vieille mendiante !... Ah !...

ROBERT

Geneviève !

GENEVIÈVE

Va-t'en... ne me parle pas... Je te déteste !...

ROBERT

Geneviève !

GENEVIÈVE

Jamais, je n'aurais cru cela de toi !... (*Elle sanglote.*) Tu es donc devenu tout à fait fou ?... C'est odieux !...

odieux!... Qu'est-ce qu'elle va penser de moi?... Qu'est-ce qu'elle va dire de moi?...

ROBERT

Ne pleure pas... Il ne faut point, quand ils vont venir ici, qu'ils voient que tu as pleuré!... Ecoute-moi... Si tu étais une grande artiste, que tu fusses capable de donner à l'humanité un chef-d'œuvre... de souffrance et de pitié... ce serait bien!... Mais, pour mettre un instant, dans la vie oisive, une distraction ou une vanité... jouer ainsi avec la douleur et la misère des pauvres gens... je dis que c'est mal... que c'est indigne d'une âme haute!...

GENEVIÈVE, *piquée.*

Je n'ai pas la prétention d'être une grande artiste... Pourtant, ma médaille... au Salon... l'année dernière... cela veut bien dire quelque chose, il me semble...

ROBERT

Ma pauvre petite!...

GENEVIÈVE

Tu m'énerves... tu m'énerves... D'abord, je ne t'avais pas prié de venir ici... Je suis chez moi, ici... Pourquoi es-tu venu?

ROBERT, *très doux.*

Je voudrais te faire comprendre... Geneviève, rappelle-toi notre admirable mère, dont les vertus préservèrent, si longtemps, cette maison, des catastrophes qui la menacent aujourd'hui...

GENEVIÈVE

Eh bien!...

ROBERT

Eh bien, elle t'avait légué un grand devoir, et la plus belle, et la plus douce mission qu'il soit donné à une femme d'accomplir... l'apaisement des ivresses de la Force, l'intercession en faveur des faibles... l'éducation des ignorances et des brutalités... Ce devoir, dont je ne te demande pas de le porter — comme notre mère qui fut une sainte — jusqu'au plus complet oubli de soi... comment l'as-tu rempli ?...

GENEVIÈVE

Et toi, qui as déserté la maison... toi, dont la vie renégate est le grand chagrin de notre père... il te sied, vraiment, de parler de devoir !

ROBERT, *ferme.*

Je tâche de l'accomplir, selon mes forces, ailleurs qu'ici, où je ne puis rien... Mais toi, c'est ici que tu devais l'accomplir !...

GENEVIÈVE

Je fais ce que je peux... Je suis bonne pour tout le monde... je donne à tout le monde... Et tout le monde me déteste !...

ROBERT

Ce n'est pas seulement de l'argent qu'il faut savoir donner, ma pauvre Geneviève... C'est de la conscience... c'est de l'espérance... c'est de l'amour !...

GENEVIÈVE

Dis tout de suite que je suis une méchante fille !...

ROBERT

Non, tu n'es pas méchante... mais tu ne sais pas avoir de l'amour... Notre mère savait, elle... Et son grand exemple est parti d'ici !... (*Robert lui prend les mains et l'attire vers lui.*) Ah ! si je pouvais faire passer un peu de ma pensée dans la tienne !... (*Geneviève se détend un peu, s'apaise.*) un peu de l'âme de notre mère dans la tienne !

GENEVIÈVE

Je m'ennuie ici... et tous ces gens me font peur !... Ils sont méchants !

ROBERT

C'est que tu es trop loin d'eux !... Il n'y a pas de cœurs méchants... il n'y a que des cœurs trop loin l'un de l'autre... et qui ne s'entendent pas... à travers la distance, voilà le grand malheur !... (*Voix dans l'escalier.*) Tes amis !... Essuie tes yeux, souris... (*Il l'embrasse.*) Ne sois plus triste...

GENEVIÈVE

Comment veux-tu que je ne sois pas triste quand tu me parles ?... Tu me dis toujours des choses que je ne comprends pas.

ROBERT

Parce que ton âme n'est pas là où est la mienne... Nous ne sommes pas du même côté de la douleur.

GENEVIÈVE, *songeuse, essayant de comprendre.*

Du même côté de la douleur !... (*Entrent Capron, Duhormel, de la Troude.*)

SCÈNE V

LES MÊMES, CAPRON, DUHORMEL, DE LA TROUDE

DUHORMEL

Et nous qui pensions vous surprendre, en plein travail, mademoiselle !

CAPRON

En pleine inspiration!

GENEVIÈVE

Je n'étais pas en train... j'ai renvoyé le modèle. (*Robert est allé près de la grande baie où il affecte de regarder le paysage.*)

DE LA TROUDE, *il examine les études, aux murs.*

Toujours révolutionnaire, ma chère Geneviève!... Impressionniste même, si j'ose dire!... Du blanc... du rose... du bleu!... Qu'est-ce que c'est que ça?... (*Il désigne une toile.*) Un moulin?...

GENEVIÈVE

Oh! monsieur de la Troude!... Vous voyez bien que c'est une vieille femme qui ramasse du bois!

DE LA TROUDE

Ça?... Ah! par exemple!... (*Il a mis son lorgnon et regarde plus attentivement.*) C'est vrai!... Eh bien, au premier abord, cette vieille femme, je l'avais prise pour un moulin!... Du reste, avec la nouvelle école, je m'y trompe toujours!... La mer, les vieilles femmes qui ramassent du bois, les moulins, les jardins, les troupeaux de moutons, les ciels d'orage... c'est exactement la même chose!... Excusez ma franchise, ma chère enfant.. mais, vous le savez, en peinture, comme en politique, comme en tout... je suis une vieille ganache, moi!... je suis pour la tradition!... Charmant d'ailleurs... plein de lumière... de talent!... (*Il examine d'autres études.*)... Très curieux!...

CAPRON

Ne l'écoutez pas... D'abord, il aime à vous taquiner... Et puis, notre ami la Troude est ce que les peintres appellent un philistin!

DE LA TROUDE

Et je m'en vante.

CAPRON

Et il s'en vante!...

GENEVIÈVE, *à Duhormel.*

Un peu de bière, monsieur Duhormel?...

DUHORMEL

Volontiers, mademoiselle... (*Geneviève, verse de la bière.*) Merci.

GENEVIÈVE

Pourquoi mon père n'est-il pas venu avec vous?

DUHORMEL

Hargand est en conférence avec Maigret... Il sera ici, dans quelques minutes, je pense!

GENEVIÈVE

A-t-on des nouvelles de la réunion!

DUHORMEL

Sans doute que Maigret en apportait... Nous le saurons tout à l'heure...

GENEVIÈVE

Je suis impatiente... j'ai peur!...

DUHORMEL

Cela tombe mal, en effet... Je crains bien d'être obligé de remettre la grande chasse que je voulais vous offrir.

GENEVIÈVE

Vous redoutez beaucoup, n'est-ce pas?

DUHORMEL

Beaucoup, non... Je ne crois pas qu'il y ait lieu de

s'inquiéter, outre mesure... Mais il est certain que la région va être bouleversée, durant quelques jours...

GENEVIÈVE

Mon père voit très en noir, lui!

DUHORMEL

Hargand est pessimiste... Il s'imagine souvent des choses qui ne sont point... Le mouvement est beaucoup plus à la surface qu'en profondeur...

CAPRON, *il a quitté de la Troude.*

Pourquoi y aurait-il une grève ici, où il n'y en a jamais eu?... Voilà ce qu'il faut se dire!...

DUHORMEL

Evidemment!...

DE LA TROUDE, *il vient se rasseoir près de Geneviève.*

Evidemment!...

CAPRON

Et puis, admettons!... Une grève, qu'est-ce que c'est que ça?... surtout, si dès le début on montre de l'énergie contre elle, et qu'on ne lui cède rien... rien!... Que peuvent ces malheureux contre l'énorme puissance industrielle et financière qu'est Hargand?... Mais aura-t-il l'énergie nécessaire?...

GENEVIÈVE, *vivement.*

Vous en doutez?

CAPRON

Non, mademoiselle... et je me suis mal exprimé... Je ne doute pas de l'énergie de votre père... c'est, au contraire, un homme, très résolu, très brave... Il nous a donné, vingt fois, les preuves d'une résistance admirable... oui ! mais enfin, il y a un peu de sa faute, dans ce qui arrive aujourd'hui.

GENEVIÈVE

Comment cela?

CAPRON

C'est un rêveur aussi !... Il croit à l'amélioration des classes inférieures !... (*Il lève les bras au ciel.*) à la moralisation de l'ouvrier !... Quelle erreur !...

GENEVIÈVE

Généreuse, en tout cas !

CAPRON

Non, mademoiselle, il n'y a pas d'erreurs généreuses... il y a des erreurs, tout court !... Voyez-vous, il a laissé trop de choses envahir ses usines... il a laissé se développer contre lui des syndicats, des associations de toute sorte, qui sont la mort du travail, l'affaiblissement de l'autorité patronale... le germe de la révolution !... Quand on donne pour vingt sous de bien-être et de liberté à un ouvrier... il en prend, tout de suite, pour vingt francs !... C'est réglé !...

DUHORMEL

Cela dépend !...

CAPRON

Cela dépend de quoi ?... Non... non !... Lâchez-lui la bride sur le cou... et il s'emporte... et il rue... et il ne sait plus où il va... et il casse tout !... Il y a longtemps que je l'ai observé (*Affirmatif et doctoral.*)... Le prolétaire est un animal inéduquable... inorganisable !... On ne le maintient qu'à la condition de lui faire sentir, durement, le mors à la bouche, et le fouet aux reins... J'ai dit tout cela à Hargand, autrefois... car avec ses manies d'émancipation, ses boulangeries et ses boucheries coopératives... ses écoles professionnelles, ses caisses de secours, de retraites.. ses sociétés de prévoyance... toute cette blague socialiste — oui, socialiste — par quoi, loin de fortifier son pouvoir, on ne risque que de le diminuer et de le perdre... il rendait difficile, dangereuse, notre situation à nous autres qui sommes bien obligés de nous modeler sur lui... Il doit s'apercevoir aujourd'hui que j'avais raison!... (*Sur un mouvement de Geneviève.*) Notez, mademoiselle, que je ne crois pas, cette fois-ci, à la grève!... Comme Duhormel, je suis convaincu que c'est un mouvement factice... qu'il ne repose sur rien de sérieux... par conséquent, qu'il sera facile de l'arrêter... Mais je voudrais que ce fût, pour notre ami, un avertissement, une leçon... et qu'il comprît, enfin, qu'il n'y a pas d'autres moyens de mener ces brutes, que celles qui consistent à les brider de court... à leur serrer la vis, comme ils disent. (*Il fait le geste de serrer une vis.*) Mais là, sérieusement... fortement... impitoyablement!...

DE LA TROUDE

En principe, et d'une manière générale, vous êtes dans le vrai, mon cher Capron... quoique, peut-être, il y eût beaucoup à dire... Mais ici, la situation est particulière... Dieu merci! les idées modernes n'ont pas trop pénétré dans le pays. Les meneurs n'ont pas de prise... pas beaucoup, du moins, sur l'esprit de nos braves travailleurs!...

CAPRON

Nos braves travailleurs!... Heu!... heu!... Croyez-vous?...

DE LA TROUDE

Parfaitement...

CAPRON

Et ce Jean Roule qui, en quelques jours, a su déchaîner cinq mille ouvriers... cinq mille ouvriers qui, jusqu'ici, avaient résisté à toutes les excitations, à tous les appels de révolte?

DE LA TROUDE

Un songe-creux!... un phraseur!... Vous refusez vous-même de croire à ce mouvement?

CAPRON

Sans doute!... sans doute!... Cependant, Hargand avoue l'influence de cet homme... Il prétend qu'il a de l'éloquence... de l'entraînement... un esprit de propagande et de sacrifice... un grand courage!... C'est plus qu'il n'en faut, soyez en sûr, mon cher La Troude, pour empoisonner, en peu de temps, tout un pays!...

DE LA TROUDE

Allons donc!... ces qualités-là sont des qualités exclusivement aristocratiques et bourgeoises. Elles ne sauraient animer l'âme d'un simple ouvrier.

GENEVIÈVE

Je ne suis pas aussi rassurée que vous... Je connais ce Jean Roule... il est effrayant!...

DE LA TROUDE

Non, ma chère Geneviève, vous avez tort de vous effrayer... Au fond, les hommes ne sont rien, parce qu'on peut toujours les mater... Les idées seules sont terribles... Eh-bien, au point de vue idées, la situation ici, je le répète, est admirable!... Voyons!... de quoi se plaindraient les ouvriers?... de quoi pourraient-ils se plaindre?... Il sont très heureux...

CAPRON

Trop heureux!... C'est bien ce que je leur reproche...

DE LA TROUDE

Ils ont tout... de bons salaires... de bons logements... de bonnes assurances... et des syndicats... ce que, pour ma part, et d'accord avec vous, mon cher Capron, je trouve excessif...

CAPRON

Dites... scandaleux!... monstrueux!... (*Il s'anime.*) Comment?... Des ouvriers... de simples ouvriers... des gens sans instruction... sans moralité... sans responsabilité dans la vie... et qui n'ont pas le sou... et qui mangent, ou plutôt, qui boivent tout ce qu'ils gagnent... au fur et à mesure qu'ils le gagnent, auraient le droit de se réunir en syndicat, comme nous, les patrons... de se défendre, comme nous, les patrons, et contre nous?... Mais, plutôt que d'admettre un droit aussi exorbitant, aussi antisocial... j'aimerais mieux brûler mes usines... oui, les brûler de ces mains que voilà!... (*Sur un mouvement de Robert.*)...Ah! j'entends bien... vous prétendez...

ROBERT, *très froid.*

Moi, monsieur?... Je ne prétends rien... je vous écoute... continuez donc!...

CAPRON

Ta, ta, ta!... vous prétendez que les idées changent, qu'elles ont changé... qu'elles changeront, un jour?... Est-ce cela?...

ROBERT, *très vague.*

Si vous voulez!...

CAPRON

Eh bien, cela m'est indifférent!... Ce que je veux constater, c'est que les intérêts sont immuables... immuables, comprenez-vous?... Or, l'intérêt exige que je m'enrichisse de toutes les manières, et le plus qu'il m'est possible... Je n'ai pas à savoir ceci et cela!... Je m'enrichis, voilà le fait!... Quant aux ouvriers?... ils touchent leurs salaires, n'est-ce pas?... Qu'ils nous laissent tranquilles!... Ah çà! vous n'allez pas, je pense, établir une comparaison entre un économiste et un producteur tel que je suis, et le stupide ouvrier qui ignore tout, qui ignore même ce que c'est que Jean-Baptiste Say et Leroy-Beaulieu!... L'ouvrier, mon jeune ami, mais c'est le champ vivant que je laboure, que je défonce jusqu'au tuf!... (*S'animant.*) que je soulève en grosses mottes humaines, pour y semer la graine des richesses que je récolterai, que j'engrangerai dans mes coffres... Quant à l'affranchissement social... à l'égalité... à — comment dites-vous cela? — la solidarité?... mon Dieu! je ne vois pas d'inconvénient à ce qu'ils s'établissent, dans l'autre monde!... Mais, dans ce monde-ci... halte-là!... Des gendarmes... encore des gendarmes... et toujours des gendarmes!... Voilà comment je la résous, moi, la question sociale!...

DUHORMEL

Vous allez un peu loin, Capron... et je ne suis pas aussi exclusif que vous... Pourtant, je ne puis nier qu'il y ait beaucoup de vérité dans ce que vous avancez...

CAPRON

Parbleu!... ce ne sont pas des paroles en l'air. Je ne suis ni un poète ni un rêveur, moi!... je suis un économiste... un penseur... et, ne l'oubliez pas, un républicain... un véritable républicain!... Ce n'est pas l'esprit du passé qui parle en moi... c'est l'esprit moderne... Et c'est comme républicain, que vous me verrez toujours prêt à défendre les sublimes conquêtes de 89, contre l'insatiable appétit des pauvres!...

DUHORMEL

Il est certain qu'on ne peut rien changer à ce qui est... Dans une société démocratique bien construite, il faut des riches et des pauvres... c'est évident!... Qu'est-ce que deviendraient les riches, s'il n'y avait pas de pauvres?... Et les pauvres, qu'est-ce qu'ils feraient, s'il n'y avait pas de riches?

CAPRON

Cela saute aux yeux... Il faut des pauvres pour faire davantage sentir aux riches le prix de leurs richesses... et des riches pour donner aux pauvres l'exemple de toutes les vertus sociales!...

DUHORMEL

Admirablement résumé!...

DE LA TROUDE

Voilà une phrase qui devrait servir d'épigraphe à toutes nos constitutions.

DUHORMEL

Et c'est tellement juste, que je veux vous faire un aveu... (*Mouvement d'attention.*) Voici... vous savez que je suis chasseur!... Or, quand j'étais pauvre — (*A Geneviève.*) car j'ai été pauvre, mademoiselle... (*Bonhomme.*) vous voyez qu'on n'en meurt pas — quand j'étais pauvre, je ne pouvais admettre qu'il y eût des chasses privilégiées... et, sincèrement, je m'indignais que l'on n'accordât pas à tout le monde le droit de chasser, au moins, sur les domaines de l'Etat... Quand je suis devenu riche, j'ai changé d'avis, tout d'un coup...

CAPRON

Parbleu !... vous avez ouvert les yeux... vous avez vu clair...

DUHORMEL

Immédiatement, j'ai compris l'utilité économique des grandes chasses, où l'on voit des gens dévoués, dépenser trois cent mille francs, par an, à nourrir des faisans.

CAPRON

« L'utilité économique des grandes chasses », voilà le mot !...

DUHORMEL

Car enfin... la main sur la conscience... est-ce qu'un pauvre — un braconnier par exemple — pourrait dépenser trois cent mille francs, à nourrir, dans une chasse, des faisans?

CAPRON, *à Robert.*

Parez ce coup-là, jeune homme!

DUHORMEL

Et ces trois cent mille francs... où vont-ils? Ils vont à tout le monde... à la masse!

CAPRON

Admirez combien la Société est maternelle... au braconnier lui-même.

DUHORMEL

Bien entendu... chacun en profite...

CAPRON

Irréfutable!... Economiquement, scientifiquement

mathématiquement irréfutable!... Toute la question est là!...

DUHORMEL

Et elle est encore en ceci que mon exemple prouve qu'il est très facile à tout le monde de devenir riche... avec de l'ordre, de l'économie... et le respect des lois...

CAPRON

Eh bien! allez leur prêcher ces saines doctrines!... Ils vous traiteront d'exploiteur, et ils vous hurleront la *Carmagnole* au visage!... (*Il fait quelques pas, furieux, piétinant, les mains croisées derrière le dos. Puis, tout d'un coup, faisant le geste de serrer une vis.*) Leur serrer la vis... leur serrer la vis... Il n'y a que ça!... (*A Robert, qui s'est rapproché du groupe.*) Oui!... oui... riez, haussez les épaules!... Vous êtes jeune... vous croyez à toutes ces balivernes... mais vous en reviendrez!...

DUHORMEL

Nous avons tous été comme çà... nous avons tous été comme vous, Robert. C'est la vie! C'est l'expérience de la vie qui se charge de rectifier nos idées et de nous guérir de nos emballements... Ah la vie!... Elle n'est pas toujours drôle... pour nous surtout...

DE LA TROUDE

Nous avons des tourments, des déceptions, des souffrances, des affaires, de lourdes obligations que les pauvres ne connaissent point... Il sont libres, les pauvres... Ils font ce qu'ils veulent... Ils n'ont à penser qu'à soi... Tandis que nous... (*Il soupire.*) Mais ce qu'il y a d'affreux dans notre situation, c'est que nous ne pouvons même pas devenir pauvres, quand nous le voulons!... Ainsi, tenez, ma chère Geneviève... j'ai toujours rêvé ce joli rêve... Je voudrais avoir un petit champ, avec une toute petite maison... et une toute petite vache... et un tout petit cheval... et deux mille francs... pas un sou de plus!... deux mille francs... que je gagnerais, en cultivant ce petit champ... Etre pauvre!... quelle joie!... comme ce serait charmant!... quelle idylle exquise et virgilienne... Ne plus avoir de responsabilités sociales... plus de dilatation d'estomac... plus de neurasthénie... plus de goutte!... car les pauvres ignorent la goutte, les veinards! — Eh bien, je ne puis pas, même par le rêve, être ce pauvre heureux, candide et bien portant!

GENEVIÈVE

Qui vous en empêche?

DE LA TROUDE

Mais, ma chère enfant, j'ai trop d'hôtels, de châteaux, de forêts, de chasses, d'amis, de domesticité... Je suis rivé à ce boulet : la richesse!... (*Soupirant.*) Il faut bien que je le tire!... (*Capron et Duhormel approuvent, en soupirant eux aussi, et levant les bras au ciel.*)

GENEVIÈVE, *se levant et allant vers la porte.*

Et mon père qui ne vient pas!... Je suis vraiment inquiète!...

DE LA TROUDE, *à Duhormel et à Capron.*

Vous le voyez... elle est inquiète!... Est-ce que les pauvres sont jamais inquiets, eux?... (*Il se lève.*) Et ils nous envient!... (*En se retournant, il voit Robert qui est revenu s'appuyer à la grande baie de l'atelier,* Pourquoi restez-vous dans votre coin, Robert?... Pouquoi ne dites-vous rien?...

ROBERT, *pendant toute cette scène il a donné des signes d'énervement.*

Et que pourrais-je vous dire?... Vous êtes les sourds éternels!... Vous n'entendez pas plus ce qui vous implore que ce qui vous menace!... Avec moins de pitié encore, avec un orgueil plus féroce et plus âpre, vous êtes pareils à ceux d'il y a cent ans!... Quand la Révolution était déjà sur eux... qu'elle leur enfonçait dans la peau, ses griffes, et qu'elle leur soufflait au visage, son haleine de sang... ils disaient, comme vous : « Mais non, ça n'est rien!... c'a toujours été comme ça, ça sera toujours comme ça!... L'heure du pauvre ne viendra jamais!... » Elle est venue, pourtant... avec le couperet!...

CAPRON

Qu'est-ce que vous nous chantez-là?... La Révolution?... c'est nous qui l'avons faite!

ROBERT

Vous l'avez faite!... mais elle vous emporte aujourd'hui!... (*On entend un bruit confus, des clameurs encore lointaines, des chants. Robert ouvre la fenêtre et la main, dans la direction du bruit.*) Entendez-vous, seulement?... (*Tous ils tendent le cou vers la fenêtre.*)

CAPRON

Qu'est-ce que c'est?...

ROBERT

C'est le Pauvre qui vient!... (*Silence dans l'atelier. Les clameurs se rapprochent. Les chants se précisent. Tous les trois ils écoutent, le cou, de plus en plus étiré, immobiles, très pâles.*) C'est le Pauvre qui vient!... le Pauvre que vous niez, monsieur de la Troude... le Pauvre que vous labourez, que vous soulevez en grosses mottes rouges, Monsieur Capron... (*Les cris de* :

« *Vive la grève !* » *sont presque distincts.*) L'entendez-vous venir, cette fois?... Il vient ici, aujourd'hui... Demain, il sera chez vous..., demain, il sera partout !... (*Dans le bruit sourd, le roulement d'une troupe en marche, on entend les rythmes de la « Carmagnole ».*) Je crains en effet, monsieur Duhormel, que votre chasse soit un peu compromise... (*Robert ferme la fenêtre.*) Alors, c'est fini?... Vous ne dites plus rien?... Et votre ardeur de combat... votre héroïsme?... En déroute, déjà?... Quoi !... Il a suffi que quelques pauvres chantent sur un chemin... pour que, maintenant, vous soyez-là... silencieux... et pâles de terreur !...

CAPRON

De terreur?... Qu'est-ce que vous dites !... Vous !... Moi !... Ah ! par exemple... (*Le bruit, les clamours augmentent... montrant le point à la fenêtre.*) Misérables !...

DE LA TROUDE, *dominant sa peur.*

Laissez donc !... Ils sont ivres !...

ROBERT

Ivres? Peut-être... Mais de quoi?... Le savez-vous?

CAPRON

Ah ! vous m'embêtez à la fin, vous ! Pourquoi êtes-vous ici, aujourd'hui?... Pourquoi êtes-vous ici?... C'est clair, maintenant !... Ah ! ah ! Ce sont vos amis !.... Vous êtes venu... parbleu !

ROBERT

Remettez-vous, monsieur !...

DUHORMEL

Allons donc !... allons donc !... Ce n'est pas sérieux... Je ne puis pas admettre que ce soit sérieux !... Ils s'amusent !...

GENEVIÈVE, *anxieuse, les yeux toujours sur la porte.*

Et mon père!... Mon père qui ne vient pas!...

CAPRON

A-t-on fermé les grilles du château?...

GENEVIÈVE, *affolée, sonne et va dans le vestibule, et se penche sur la balustrade de l'escalier.*

Joseph!... Adèle!... Baptiste!... (*Elle se penche davantage.*) Fermez les grilles... faites fermer les grilles... (*Agitée et tremblante, elle rentre dans l'atelier où Robert essaie de la calmer.*) Mon Dieu!... mon Dieu!...

CAPRON

Pourvu que nous puissions rentrer chez nous!.. (*Hargand paraît.*) Ah! enfin, voici Hargand!...

GENEVIÈVE

Mon père!... mon père!... (*Tous entourent Hargand.*)

SCÈNE VI

LES MÊMES, HARGAND,

CAPRON

Eh bien?

HARGAND, *regardant ses amis d'un air étonné, presque méprisant.*

Rassurez-vous, mon cher Capron... les grilles sont fermées...

CAPRON

Oui... mais... la route?...

HARGAND

La route est libre par le haut du parc... J'ai donné l'ordre d'atteler vos chevaux... Vous pourrez rentrer chez vous, sans crainte... Vous en serez quitte pour faire un détour.

CAPRON

Partons, alors!... (*Les clameurs, qui n'ont pas cessé, arrivent plus violentes. On entend très distinctement : « A bas Hargand! Vive la grève! »*)

DE LA TROUDE

Partons... partons!... Jamais je n'aurais cru... Et mon chapeau!... Où est mon chapeau?... (*Il cherche vainement son chapeau.*) C'est abominable!... Car enfin... la grève ici!... Où allons-nous?... mon chapeau?...

HARGAND, *il prend le chapeau visible sur un meuble.*

Ne vous agitez pas ainsi, La Troude!... Le voici!... Et partez!...

CAPRON, *solennel et prenant les mains d'Hargand.*

Mon cher Hargand... vous avez épuisé tous les moyens de conciliation... vous les avez gorgés... Pour ces bandits, vous vous êtes dépouillé... Vous leur avez donné jusqu'à votre chemise... Que veulent-ils encore?... Ah! non!... Vous n'avez pas à hésiter... La parole, maintenant, n'est plus qu'aux fusils... De l'énergie, mon ami!... et des troupes, surtout!... des troupes, des troupes!... Songez que ce n'est pas seulement vous et vos usines que vous défendez... c'est nous... diable!... c'est la liberté du travail... c'est la société!...

DUHORMEL

Ne cédez pas d'un pouce!... Ils auront vite capitulé!...

CAPRON

Ah! si vous leur aviez serré la vis!... Vous l'ai-je assez dit!...

DE LA TROUDE

Je suis à jamais dégoûté du libéralisme!... De l'énergie!...

HARGAND, *obsédé.*

Oui... oui... Comptez sur moi!... Au revoir... Partez!

CAPRON

Vous êtes sûr au moins que la route est libre?

HARGAND

Sûr,.. Mais partez!...

CAPRON

Et des troupes!... Tout de suite!...

DUHORMEL

Un exemple... un exemple terrible!...

DE LA TROUDE

Nous comptons sur vous!...

HARGAND.

Oui... oui!... (*Adieux... Ils partent, tous les trois... Ironique, les regardant partir.*) Ah! les pauvres diables... Et ce sont mes alliés!

SCÈNE VII

HARGAND, ROBERT, GENEVIÈVE

Au dehors, cris, clameurs, chants, avec des flux et des reflux, comme des vagues. Hargand, un peu sombre, mais très calme, s'est assis dans un fauteuil, entouré de Geneviève, tremblante, et de Robert, tristement songeur.

HARGAND

Donne-moi un peu d'eau, Geneviève (*Geneviève verse, dans un verre, de l'eau qu'Hargand boit avidement.*) Merci, mon enfant!... (*Un court silence.*) Et toi, Robert?

ROBERT

Mon père!...

HARGAND

Ta place n'est plus ici... Je ne veux pas t'obliger à choisir entre tes sentiments... tes idées... et moi!...

ROBERT

Mon père!...

HARGAND

Tu partiras ce soir!...

ROBERT

J'allais vous le demander, mon père... (*Gêné et timide.*) Mais, avant de partir, permettez-moi...

HARGAND, *l'interrompant.*

Pas un mot, je t'en prie!... Je ne te reproche rien... je ne t'accuse de rien!... (*Au milieu du bruit, on entend distinctement : « Vive Robert Hargand! Vive la grève! » Robert, stupéfait veut protester. Hargand l'arrête d'un geste. Court silence très pénible. Enfin, le cœur visiblement serré, la voix un peu altérée, Hargand reprend.*) Je ne t'accuse de rien!... Mais n'augmente pas, par d'inutiles paroles... la distance douloureuse que cet... événement met, aujourd'hui, entre nous deux!...

ROBERT

Mon père!... mon père!...

HARGAND, *très noble.*

Entre nous deux, mon enfant, il ne doit y avoir, désormais... que du silence! (*Il se lève.*)

ROBERT, *ému, se précipitant dans les bras de son père.*

Je vous aime... je vous respecte!... Et j'ai confiance... dans votre pitié... dans votre justice... (*A ce moment une pierre, lancée du dehors ayant brisé l'un des carreaux de la baie, vient rouler au pied d'Hargand. Geneviève pousse un cri.*)

HARGAND, *ramassant la pierre.*

La justice!... (*Il pose la pierre sur un meuble. Rideau.*)

FIN DU DEUXIÈME ACTE

ACTE III

ACTE III

Le cabinet d'Hargand. Meubles sévères et riches. Porte au fond. A droite et à gauche de la porte, grandes bibliothèques. Les murs couverts de tapisseries anciennes. Sur la cheminée, placée entre deux fenêtres, un buste de marbre. En face de la cheminée, grand bureau, chargé de papiers. Fauteuils à dossier haut. Divans. Vitrines avec des échantillons de minerais et de pierres.

Au lever du rideau, Hargand, assis à son bureau, travaille. Un domestique introduit Maigret. Maigret s'assied, en face d'Hargand, de l'autre côté du bureau.

SCÈNE I

HARGAND, MAIGRET

MAIGRET, *apercevant une lampe, près d'Hargand, sur le bureau en désordre.*

Ah!... vous ne vous êtes pas encore couché, cette nuit!

HARGAND

Je me suis reposé, quelques heures, sur ce divan... Quelles nouvelles?

MAIGRET

Les ajusteurs ne sont pas venus à l'atelier... Ils ont fraternisé avec les grévistes... C'était prévu!... J'ai dû faire éteindre les machines.

HARGAND

Pas de scènes de violence, comme hier?

MAIGRET

Non... la nuit à été relativement calme... Hier soir, Jean Roule a réuni les grévistes dans le Pré-du-Roy... Debout, sur une table, éclairé par la lumière de quelques cierges... il leur a lu des récits populaires... des récits enflammés de massacres, de supplices, de bûchers... Puis, il les a exhortés au martyre... Quand il était fatigué, Madeleine reprenait le livre, et continuait de lire d'une voix étrangement pénétrante... Soit lassitude, soit que cela ne les intéressât pas... il n'y avait là que fort peu d'hommes... La foule était surtout composée de femmes qui écoutaient, dans un grand silence... et recueillies, comme à la messe... Ils se sont retirés sans bruit ni désordre!...

HARGAND

Singulière et déconcertante figure que ce Jean Roule!... Dans un autre temps, c'eût été, peut-être, un grand homme... un grand apôtre...

MAIGRET

Je ne sais!... Mais, dans le nôtre, c'est un dangereux coquin. Heureusement qu'il manque de sens politique et qu'il ignore ce qu'il veut et où il va!.. Sans cela, avec le puissant ascendant qu'il exerce sur ces esprits faibles... ce serait une lutte plus terrible... et atroce.

HARGAND

Il faut redouter les mystiques... plus que les autres... car, plus que les autres, ils vont au cœur des foules... qui ne s'exaltent que pour ce qu'elles ne comprennent pas... Et cette Madeleine!... Quelle étonnante transformation!...

MAIGRET

Elle est peut-être plus à craindre que Jean Roule... Il y a dans ses yeux, un feu sombre!... (*Un silence.*)

HARGAND

Vous êtes sûr qu'il n'y a toujours pas d'argent?

MAIGRET

J'en suis sûr!... Ils commencent à souffrir de la faim... Ce n'est pas le pillage de l'épicerie Rodet, ni le sac des boulangeries qui les mèneront loin... Oui, mais, demain?

HARGAND

En somme?...

MAIGRET

En somme, malgré l'apparence pire, moins d'enthousiasme..., moins de foi!... Et quelques-uns murmurent déjà contre Jean Roule... Ces pauvres diables sont désormais incapables de résister à huit jours de famine!...

HARGAND

Je ne comprends pas l'idée de Jean Roule d'avoir refusé le concours des députés radicaux et socialistes... De ce fait seul, il a coupé les vivres à la grève... Qu'espère-t-il?

MAIGRET

Le miracle!... Faire éclater dans les âmes, l'héroïsme et le sacrifice des martyrs... (*Il hoche la tête.*) Ça n'est plus de notre époque, heureusement!...

HARGAND, *rêveur.*

Peut-être!

MAIGRET, *sceptique.*

Quoi qu'il en soit, il est temps que les troupes arrivent!...

HARGAND

Elles arrivent aujourd'hui... Ah ! ce n'est pas sans tristesse que je me suis résigné à cette extrémité... Car maintenant, il suffit de la moindre excitation, de la moindre provocation... d'un malentendu... pour que le sang coule !... (*Un silence.*) Pouvais-je faire autrement?... Il y a ici des existences innocentes et menacées que j'ai le devoir de protéger... Et puis, je compte que les troupes useront de leur force avec modération... (*Un silence.*) Et mon fils?

MAIGRET

J'allais vous en parler... M. Robert a eu, hier soir, avant la réunion des grévistes au Pré-du-Roy, une entrevue avec Jean Roule...

HARGAND

Ça n'est pas possible !

MAIGRET

Pardonnez-moi !...

HARGAND

Vous en êtes certain?

MAIGRET

Oh ! certain !

HARGAND

Et dans quel but?... (*Maigret fait un geste par où il exprime qu'il ne sait rien de plus.*) Depuis que les grévistes le ramenèrent aux cris de « Vive Robert Hargand !... », de la gare, où, sur mon ordre il partait, jusqu'ici, où il est resté leur prisonnier... Robert semblait avoir compris la situation anormale et honteuse où ce coup de main le mettait vis-à-vis d'eux, et vis-à-vis de moi... Mais... en effet... hier, je l'ai trouvé plus agité que de coutume... plus sombre aussi!... J'ai cru, à plusieurs reprises, qu'il avait quelque chose à me dire... Il ne m'a rien dit!...

MAIGRET

Peut-être a-t-il tenté, près de Jean Roule, une démarche de conciliation!...

HARGAND

Elle me serait souverainement pénible et humiliante!... (*Un silence.*) De toutes les tristesses de ces tristes jours, la plus profonde... Maigret... celle qui m'a laissé au cœur une blessure qui ne guérira, peut-être, jamais... ç'a été... cette affreuse... cette infernale pensée qu'ils ont eue de dresser... oh! malgré lui... malgré lui, certes... le fils en face du père!... C'est effrayant comme un parricide!...

MAIGRET

N'exagérez rien, monsieur! Ils ont pensé qu'en l'empêchant de partir... ils auraient près de vous quelqu'un qui leur serait utile... qui plaiderait leur cause... qui finirait peut-être par vous arracher des concessions... Enfin, M. Robert est une nature généreuse et droite!...

HARGAND

Mais d'une exaltation qui me fait peur!... Son âme est un volcan... il y bouillonne... il y gronde d'étranges laves!...

MAIGRET

Ne vous alarmez donc pas ainsi!... Votre fils a un sentiment profond de son devoir!...

HARGAND

Oui... mais où croit-il qu'est son devoir?... Je n'en

sais rien!... (*Silence.*) Ah! tenez, mon cher Maigret... moi aussi, je suis troublé... mécontent de moi-même... mon cœur est dévoré d'angoisses!... Je me demande si j'ai bien fait tout ce qu'il y avait à faire!... s'il n'y avait pas autre chose à faire... pour ces pauvres bougres, après tout!...

MAIGRET

Ce n'est pas l'heure, monsieur, de vous poser ces questions... Vous avez, et nous avons tous besoin de votre fermeté d'âme... de votre grand esprit de décision!... Et je vous le dis, moi!... Vous êtes sans reproche vis-à-vis de vous-même!... Tout ce qu'il est possible de faire, vous l'avez fait!... Voyons!... existe-t-il, en France, une maison où le travail soit aussi rétribué, où l'individu soit aussi respecté?... Aujourd'hui, vous ne devez avoir qu'une pensée et qu'un but : vaincre la grève!... Après, vous pourrez rêver!...

HARGAND, *se passant les mains sur le front.*

Allons!... (*Il réunit dans un carton des feuilles éparses sur son bureau, et le passe à Maigret.*) Le courrier... Vous y trouverez des propositions de l'Allemagne qui m'offre d'assurer les commandes, durant la grève... Elles sont un peu lourdes et peut-être inopportunes!... Enfin, c'est à voir!... Etudiez-les... Vous m'en direz votre avis, ce soir!... (*Il se lève. Maigret aussi se lève et se dispose à partir.*) Vous avez pris les dispositions pour la nourriture des troupes?

MAIGRET

Tout est prêt...

HARGAND

Pas de coup de main à craindre?

MAIGRET, *hochant la tête.*

Heuh !... Ce que j'ai de gendarmes occupent deux boulangeries...

HARGAND, *il lui tend la main.*

Excusez, mon cher Maigret, ma petite défaillance de tout à l'heure... vous qui portez, d'un cœur si calme, presque tout le poids de la haine de ces furieux... (*Maigret fait des gestes de dénégation.*) Au revoir !...

MAIGRET

Au revoir, monsieur Hargand !... (*Maigret sort. Hargand range un instant des papiers sur son bureau. Puis il sonne. Un valet de chambre se présente.*) Prévenez monsieur Robert que je l'attends ici !... (*Le domestique sort. Hargand songeur se promène dans la pièce. Puis il va s'appuyer le dos au marbre de la cheminée. Robert entre.*)

SCÈNE II

HARGAND, ROBERT HARGAND

En présence de son fils, Hargand perd, peu à peu, de son calme. Progressivement, de songeuse et mélancolique qu'elle était à la scène précédente, l'expression de son visage devient nerveuse, agressive. On sent pourtant qu'il fait des efforts pour se dominer.

HARGAND

Assieds-toi... et causons.

ROBERT, *il s'assied.*

Je vous écoute, mon père !..

HARGAND, *d'un ton âpre,*

Après ta rentrée triomphale ici... triomphale, n'est-ce pas?... C'est bien cela!...

ROBERT

Oh! mon père!

HARGAND

De quel autre mot veux-tu que je me serve?... Porté, ramené ici, comme un drapeau... comme leur drapeau...

ROBERT

Sur quel ton vous me parlez, mon père!... Et pourquoi évoquer encore le souvenir d'un incident qui nous fut si douloureux, à tous les deux!...

HARGAND, *essayant de se contenir.*

Enfin... après... ce qui s'est passé... il avait été convenu... (*Avec ironie.*) Et je ne pouvais pas exiger davantage de tes convictions... car les sentiments de famille... le respect!... (*Robert regarde son père avec une grande tristesse.*) Enfin... enfin... il avait été convenu que tu resterais... neutre... dans les événements qui se déroulent ici!... Je pensais qu'un tel engagement, vis-à-vis de toi-même et dans les circonstances que tu sais... dût être sacré!...

ROBERT

Y ai-je manqué?

HARGAND

Comment appelles-tu ces entrevues clandestines que vous avez, toi, mon fils, et Jean Roule, le chef de la grève?...

ROBERT, *avec un peu d'étonnement.*

Ces entrevues!... (*Ferme.*) Je suis allé à lui... une seule fois... hier!... C'est vrai!

HARGAND

Tu l'avoues?... Ah! tu l'avoues?...

ROBERT

Pourquoi ne l'avouerais-je pas?... J'ai agi comme je devais agir... Croyez-vous donc que cette démarche que j'ai faite avait un caractère d'hostilité contre vous?

HARGAND

Hostilité ou médiation, elle m'est un outrage!... T'avais-je prié d'intervenir?... En vertu de quoi, t'es-tu arrogé cet étrange mandat?... Et comment n'as-tu pas senti qu'une démarche de toi, dans un tel moment, et quelle qu'elle fût, ne pouvait être qu'une diminution de mon autorité... et que c'était une arme de plus, peut-être, que tu mettais dans la main de mes ennemis?... Si tu l'as senti, comment as-tu osé cela?...

ROBERT

Comment aurais-je pu diminuer votre autorité, et armer leur révolte?... Puisque c'est en mon nom seul que j'ai parlé?

HARGAND

En ton nom?... Et de quel droit?... Tu n'es rien ici... rien... rien!

ROBERT

Je suis un homme!

HARGAND, *impérieux.*

Tu es mon fils!

ROBERT

Ai-je donc, en naissant de vous, renoncé à penser selon mes idées... aimer selon mon amour, vivre selon mon destin?... J'accomplis mon destin!...

HARGAND, *s'emportant.*

Et ton destin, n'est-ce pas, c'est de te révolter contre moi... de fraterniser avec mes ennemis?... Ai-je été assez bête... assez aveugle... en te rappelant à moi!... Ton destin?... Ce sont ces cris abominables de vive Robert Hargand!... que j'entends à toutes les minutes, et qui ne cessent de me déchirer, de me traverser le cœur, comme des coups de couteau!... Ces menaces de meurtre... ces incendies... ces pillages... tout ce qui bout dans l'âme de ces sauvages, déchaînés en ton nom, contre moi... le voilà ton destin!... Aie donc le courage de l'appeler par son nom : l'ambition!... Et peu t'importe qu'elle se satisfasse sur la mort de ton père... et la ruine des tiens!...

ROBERT, *il se lève.*

Je n'ai pas d'autre ambition que le bonheur des hommes... J'y ai sacrifié ma fortune, ma jeunesse, j'y sacrifierais ma vie!...

HARGAND

Et la mienne!...

ROBERT

Vous êtes trop nerveux, mon père... et vous parlez sans justice... Il ne faut point qu'il se prononce entre nous des paroles irréparables... Permettez-moi de me retirer!

HARGAND

Reste... reste!... (*Il marche dans la pièce avec agitation. Ensuite il vient se rasseoir devant son bureau. Essayant de se dominer.*) Qu'est-ce que c'était que cette démarche?... J'ai besoin de la connaître...

ROBERT, *il se rassied aussi.*

Je n'ai pas à vous la cacher... Hier, j'ai appris de

Geneviève que vous aviez demandé des troupes pour réprimer la grève... et qu'elles arrivent aujourd'hui... (*D'un ton pénétré.*) J'ai compris que c'était la catastrophe... je n'ai pu supporter l'idée que des centaines d'hommes... pour un malentendu qu'il est possible encore de dissiper... allaient mourir ici!... Du sang ici!... Du sang sur cette maison et sur vous!... (*Un temps.*) Alors, je suis allé trouver Jean Roule.

HARGAND

Pourquoi, lui... et pas moi?... Pourquoi ne m'as-tu pas parlé à moi?

ROBERT

Hélas! mon père, vous me l'aviez défendu... Et, d'ailleurs, je me suis dit que c'était inutile!

HARGAND

Qu'en savais-tu?

ROBERT

Je vous connais assez pour savoir que cette résolution terrible, vous ne l'aviez pas prise par hasard, et sans de longs combats avec vous-même... Je n'avais pas de chance d'être écouté... (*Sur un mouvement d'Hargand.*) Oh! mon père, je vous en supplie... ne vous attachez pas à la lettre seule de mes paroles... ne retenez que le sens que je leur donne, et l'intention respectueuse qui me les dicte!... Jean Roule, si exalté, si violent, n'est pas inaccessible à la raison... Et je lui crois une âme remplie de pitié... J'esssayai de lui faire comprendre la responsabilité qu'il encourrait... et qu'il tenait des milliers de vies dans ses mains... De lui-même, il me promit qu'il viendrait, aujourd'hui, vous porter de nouvelles propositions... Je n'avais pas à en discuter les termes avec lui... je n'avais pas à prendre d'engagements vis-à-vis de lui... De son côté, il ne m'a promis rien d'autre que de venir ici!... Voilà tout!

HARGAND

Je ne le recevrai pas... je ne le reconnais pas... je l'ai chassé de l'usine!

ROBERT

Vous l'avez chassé... Mais cinq mille ouvriers l'ont élu!...

HARGAND

Cinq mille factieux!... Je n'ai pas à leur obéir... Qu'ils se soumettent, d'abord!

ROBERT

Et s'il vous apportait la paix?...

HARGAND

Au prix de concessions absurdes et déshonorantes?... Non... non!... C'est une folie que d'y songer... (*Il se lève et se remet à marcher dans la pièce. Silence.*) Nous nous sommes dit, tout à l'heure, des paroles inutilement blessantes... Cela ne remédie à rien... et cela fait du mal!... Parlons raison... (*Il vient s'appuyer le dos à la cheminée.*) Je ne crois pas être un mauvais homme... Je t'ai prouvé que je n'étais, pas non plus, un tyran... que j'avais, au contraire, un sentiment très vif de la liberté des autres... Je t'ai laissé te développer, selon toi-même et dans le sens de ta nature... Tu ne peux pas me reprocher d'avoir jamais contrarié tes idées...

ROBERT, *vivement.*

Et je vous en suis reconnaissant... Oh! je vous le jure!... de toutes les forces de mon cœur!...

HARGAND

Pourtant, je les jugeais chimériques... dangereuses..: en tous cas, très lointaines des miennes!... Et elles brisaient le rêve que j'avais longtemps caressé de faire de toi le collaborateur de mes travaux... et... quand je ne serais plus... le gardien fidèle de tout ce que j'ai créé ici... (*Avec de l'émotion et de l'altération dans la voix.*) Je n'avais pas prévu... la situation logique, cependant, et fatale... et douloureuse... Dieu le sait!... (*Il s'interrompt... Robert, très triste, très ému aussi, se met la tête dans ses mains.*) M'entends-tu?

ROBERT

Oh! mon père!... mon père!... vous me brisez l'âme!...

HARGAND, *poursuivant, péniblement.*

Enfin, je n'avais pas prévu... ce qui est arrivé... et que mon libéralisme paternel amènerait... un jour... cette chose affreuse... de nous parler... de nous regarder... non pas... de père à fils... mais d'ennemi à ennemi!...

ROBERT, *vivement et se levant.*

Ne dites pas cela, je vous en supplie... (*Avec élan.*) Je vous aime... je vous aime!

HARGAND

Mais si nous ne nous aimions plus, mon pauvre enfant... (*Un temps.*)... serions-nous aussi malheureux?...

ROBERT

Mon père!... mon père!... (*Il fait un pas pour aller vers son père, et retombe sur son siège, accablé. Un silence.*)

HARGAND

Écoute-moi encore! Dans la vie, je n'ai pas eu d'autre passion... que le travail... non pour l'argent, les richesses, le luxe... mais pour la forte et noble joie qu'il donne... et, aussi, depuis quelques années, pour l'oubli qu'il verse au cœur!... Je puis me rendre cette justice que mon rôle social, mon rôle de grand laborieux aura été utile aux autres, plus que les théories nuageuses... les vaines promesses... et les impossibles rêves... Par tout ce que j'ai produit, par tout ce que j'ai tiré de la matière... si je n'ai pas enrichi les petites gens... du moins, j'ai considérablement augmenté leur bien-être... adouci la dure condition de leur existence... en les mettant à même de se procurer à bon marché, des choses nécessaires et qu'ils n'avaient pas eues avant moi... et que j'ai créées pour eux... pour eux!... J'ai été sobre de paroles... mais j'ai apporté des résultats... fourni des actes... Est-ce vrai?

ROBERT

Je n'ai jamais nié la bonne volonté de vos intentions... ni la persistance de vos efforts!...

HARGAND

Quant aux rapports sociaux que j'ai établis — au prix de quelles luttes — entre les ouvriers et moi... j'ai été aussi loin que possible dans la voie de l'affranchissement... tellement loin, que mes amis me le reprochent comme une défaillance... comme une abdication... Enfants, je me préoccupe de les élever et de les instruire;... hommes, de les moraliser, de les amener à la pleine conscience de leur individu;... vieillards, je les ai mis à l'abri du besoin... Chez moi, ils peuvent naître, vivre et mourir...

ROBERT, *interrompant*.

Pauvres!... (*Un temps.*) Oui, vous avez fait tout cela... et c'est toujours... toujours de la misère!...

HARGAND, *d'une voix plus haute.*

Ce n'est pas de ma faute!

ROBERT

Est-ce de la leur?

HARGAND

Puis-je donc transgresser cette intransgressible loi de la vie qui veut que rien ne se crée... rien ne se fonde que dans la douleur?

ROBERT

Justification de toutes les violences... excuse de toutes les tyrannies... parole exécrable, mon père!

HARGAND

Elle a dominé toute l'histoire!

ROBERT

Tortures... massacres... bûchers!... voilà l'histoire!... L'histoire est un charnier... N'en remuez pas la pourriture... Ne vous obstinez pas toujours à interroger ce passé de nuit et de sang!... C'est vers l'avenir qu'il faut chercher la lumière... Tuer! toujours tuer! Est-ce que l'humanité n'est point lasse de ces éternelles immolations?... Et l'heure n'a-t-elle point sonné, enfin, pour les hommes, de la pitié?

HARGAND

La pitié!... (*Il se promène fiévreusement.*) La pitié est un déprimant... un stupéfiant... Elle annihile l'effort et retarde le progrès... elle est inféconde... Celui qui crée... n'importe quoi... le savant qui lutte avec la nature... pour lui arracher son secret... l'industriel qui dompte la matière pour conquérir ses forces, les faire servir aux besoins de l'homme... et les adapter, en formes tangibles, à son bonheur... ceux-là n'ont pas le droit de s'arrêter à la pitié!... Leur action dépasse la minute où ils vivent... franchit l'espace infime que leur regard embrasse... se répand de l'individu au peuple, sur le monde tout entier... Et pour quelques existences indifférentes qu'ils écrasent autour d'eux... songe à toutes celles qu'ils embellissent et qu'ils libèrent!... J'aurais pu... j'aurais dû être cet homme-là... Ayant ignoré la pitié, j'aurais atteint à un plus grand rêve, peut-être!...

ROBERT

Vous vous calomniez, mon père!

HARGAND

Non... je me regrette!... (*Un temps.*) Et, le voilà, aujourd'hui, le résultat de cette pitié imbécile, que je n'ai pas su... que je n'ai pas pu... étouffer en moi!... l'écroulement de toutes mes espérances... et des ruines!... (*Violent.*) Mais c'est fini!... Ils veulent un maître... ils l'auront!...

ROBERT

Prenez garde!... Ces existences que vous écrasez... par quel étrange orgueil les jugez-vous indifférentes?... Au nom de quelle justice... supérieure à la vie elle-même... les condamnerez-vous à mourir?... Vous n'êtes comptable envers l'humanité que des existences immédiates dont vous avez assumé la protection... non des autres... Et n'avez-vous jamais pensé, sans un frisson... que vous pouviez être le meurtrier de l'inconnu sublime... qui pleure quelque part... chez vous, peut-être?...

HARGAND *hausse les épaules et se promène, très agité.* (*Un temps.*)

Eh bien! qu'ils commencent!...

ROBERT

Comment osez-vous demander à des faibles... à des ignorants... à de pauvres petites âmes d'enfant, obscures et balbutiantes, de se hausser jusqu'à un effort divin où vous-même, mon père, vous ne voulez pas... vous ne pouvez pas élever votre intelligence et votre grand cœur!...

HARGAND

Tu t'exaltes avec des mots... tu te grises avec du vent... Assez de phrases... des actes!... Voyons!.. Quand on parle si haut... avec une telle certitude... c'est que l'on a une formule claire... un programme net... En as-tu un?... Expose le moi,... et je l'applique tout de suite!...

ROBERT

A quoi bon, mon père, puisqu'il est tout entier dans un mot que vous niez?

HARGAND, *colère.*

Dans un mot!... dans un mot!... Parbleu!

ROBERT

Et puisque vous êtes décidé, d'avance, à ne voir, dans tout ce que je pourrais vous dire, que des mots... à n'y entendre que du vent...

HARGAND

Parbleu!... Je le savais bien!... Tu te dérobes!... Et ils sont tous comme ça!... (*Ne se contenant plus.*) Mais, quand on n'a que des mots à offrir à de pauvres diables... quand c'est avec des mots... des mots seuls... qu'on les corrompt, qu'on les grise... qu'on les mène à la mort... sais-tu ce que l'on est?... le sais-tu?... Un imbécile ou un assassin!... Choisis!

ROBERT, *avec effort.*

Vous avez raison !... Nos pensées vont s'éloignant l'une de l'autre de plus en plus... C'est une chose trop... trop... douloureuse !... Je me retire.

HARGAND, *après un silence, d'une voix méprisante.*

En effet ! Tu peux te retirer ! (*A ce moment, entre un valet de chambre.*)

SCÈNE III

LES MÊMES, LE VALET DE CHAMBRE.

HARGAND

Qu'est-ce que c'est ?

LE VALET DE CHAMBRE

Ce sont les délégués des grévistes qui se sont présentés à la grille du château... Ils demandent à parler à Monsieur.

HARGAND

Ha ! ha ! Combien sont-ils? (*Le valet de chambre passe un papier à Hargand, sur un plateau.*) Louis Thieux... Jean Roule... Anselme Cathiard... Pierre Anseaume..., etc., etc... Six !... (*Il déchire le papier.*) C'est bien !... (*Hargand et Robert échangent des regards froids. Au valet de chambre.*) Qu'on leur ouvre les grilles... qu'on les fasse entrer !... (*Le valet de chambre veut se retirer.*) Savez-vous si M. Maigret est chez lui ?...

LE VALET DE CHAMBRE

M. Maigret a prévenu l'antichambre... qu'il rentrait chez lui !...

HARGAND

Dites à Baptiste de l'aller chercher !... que M. Maigret m'attende dans la salle de billard !...

LE VALET DE CHAMBRE

Bien, Monsieur ! (*Il sort. Robert aussi s'achemine vers la porte.*)

SCÈNE IV

HARGAND, ROBERT.

HARGAND

Reste, toi !... (*Mouvement de Robert.*) Je consens à les recevoir... Mais je veux que tu assistes à l'entrevue (*Sur un geste de Robert, durement.*) Je le veux !... C'est bien le moins, je pense !

ROBERT

Pourquoi, mon père ?...

HARGAND

Parce que je le veux !...

(*Robert fait un geste résigné. Hargand arpente la pièce avec agitation. Ensuite, il vient s'asseoir à son bureau, où il brutalise des papiers. Long silence. Entrent les délégués.*)

SCÈNE V

HARGAND, ROBERT, JEAN ROULE, LOUIS THIEUX, TROIS AUTRES DÉLÉGUÉS.

Ils entrent lentement, la casquette à la main, Jean Roule, le premier, sombre mais très calme, suivi de Louis

Thieux, courbé, un peu blanchi, embarrassé et gauche. Ils se rangent devant le bureau d'Hargand, intimidés par la richesse sévère de la pièce. Louis Thieux a les yeux fixés sur le tapis, les autres tournent leurs casquettes dans leurs mains, à l'exception de Jean Roule, qui, très droit, le poing gauche sur la hanche, reste libre et hautain, sans provocation. Hargand n'a pas bougé. Le corps, légèrement incliné en arrière, le coude appuyé au bras du fauteuil, et le menton dans sa main, on voit qu'il se compose un visage, sans expression, d'une immobilité glacée. Robert, qui, au moment de l'entrée des délégués, a échangé un regard rapide avec Jean Roule, s'efface maintenant, dans un coin de la pièce. Silence gênant.

HARGAND, *d'une voix brève.*

Eh bien... je vous écoute!

JEAN ROULE, *un peu solennel.*

Nous venons ici, pour la paix de notre conscience... (*Un temps.*) Si vous repoussez les propositions, qu'au nom de cinq mille ouvriers, je suis, pour la dernière fois, chargé de vous transmettre... je n'ai pas besoin de vous déclarer que nous sommes prêts à toutes les résistances. Ce ne sont point les régiments que vous appelez à votre secours, ni la famine que vous déchaînez contre nous, qui nous font peur!... Ces propositions sont raisonnables et justes... A vous de voir si vous préférez la guerre... (*Un temps.*) Je vous prie de remarquer en outre que, si nous avons éliminé de notre programme, certaines revendications, nous ne les abandonnons pas... nous les ajournons... (*Avec une grande hauteur.*) C'est notre plaisir!... (*Un temps. Hargand est de marbre, pas un pli de son visage ne bouge. Jean prend dans la poche de sa cotte, un papier qu'il consulte de temps en temps.*) Premièrement...

Nous maintenons, en tête de nos réclamations, la journée de huit heures... sans aucune diminution de salaire... Je vous ai expliqué pourquoi, déjà... je ne vous l'expliquerai pas à nouveau... (*Silence d'Hargand.*) D'ailleurs, je vois que vous n'êtes pas en humeur de causer, aujourd'hui!... Deuxièmement... Assainissement des usines... Si, comme vous le faites dire par tous vos journaux, vous êtes un patron plein d'humanité, vous ne pouvez exiger des hommes qu'ils travaillent dans des bâtiments empestés, parmi des installations mortelles... Au cas où vous accepteriez en principe cette condition à laquelle nous attachons un intérêt capital, nous aurions à nous entendre, ultérieurement, sur l'importance et la nature des travaux, et nous aurions aussi un droit de contrôle absolu sur leur exécution... (*Hargand est toujours immobile et silencieux. Jean Roule le regarde un instant fixement, puis il fait un geste vague.*) Allons jusqu'au bout! puisque c'est pour la paix de notre conscience, que nous sommes ici... (*Un temps.*) Troisièmement... Substitution des procédés mécaniques à toutes les opérations du puddlage... Le puddlage n'est pas un travail, c'est un supplice! Il a disparu d'une quantité d'usines moins riches que les vôtres... C'est un assassinat que d'astreindre des hommes, pendant trois heures, sous la douche, nus, la face collée à la gueule des fours, la peau fumante, la gorge dévorée par la soif, à brasser la fonte, et faire leur boule de feu!... Vous savez bien, pourtant, que le misérable que vous condamnez à cette torture sauvage... au bout de dix ans... vous l'avez tué!.. (*Hargand est toujours immobile. Jean Roule fait un geste... Un temps.*) Quatrièmement... Surveillance sévère sur la qualité des vins et alcools... (*Un temps.*) Bien que sous le prétexte fallacieux de sociétés coopératives, vous ayez accaparé tout le commerce d'ici .. que vous soyez notre boucher...

notre boulanger... notre épicier... notre marchand de vins!... etc..., etc..., il y aurait peut-être lieu de vous résigner à gagner un peu moins d'argent sur notre santé, en nous vendant autre chose que du poison... Tout ce que nous respirons ici, c'est de la mort!... tout ce que nous buvons ici... c'est de la mort!... Eh bien... nous voulons boire et respirer de la vie!... (*Silence d'Hargand.*) Cinquièmement,.. Ceci est la conséquence morale, naturelle et nécessaire de la journée de huit heures... Fondation d'une bibliothèque ouvrière, avec tous les livres de philosophie, d'histoire, de science, de littérature, de poésie et d'art, dont je vous remettrai la liste... Car si pauvre qu'il soit, un homme ne vit pas que de pain... (*Un temps.*)... Il a droit, comme les riches, à de la beauté!... (*Silence glacial.*) Enfin... réintégration à l'usine, avec paiement entier des journées de chômage, de tous les ouvriers que vous avez chassés depuis la grève... Je vous fais grâce de ma personne... L'accord signé, je partirai... (*Il dépose son papier sur le bureau d'Hargand.*)

HARGAND, *après un silence, sans bouger, d'une voix coupante.*

C'est tout?...

JEAN ROULE

C'est tout!...

HARGAND, *à Louis Thieux.*

Eh bien... qu'est-ce que tu penses de cela, Thieux?... Il te faut des bibliothèques, maintenant?... Allons!... Regarde-moi!

LOUIS THIEUX, *sans lever les yeux du tapis.*

Monsieur Hargand!... monsieur Hargand!...

HARGAND

Regarde-moi... te dis-je!...

JEAN ROULE

N'insultez pas ce pauvre homme!... Et regardez-vous-même ce que vingt-sept ans de vie chez vous... de travail chez vous... ont fait de lui!...

HARGAND

Ah! mon pauvre Thieux!... Si tu n'étais pas sous la domination de cet homme... si tu étais libre des mouvements de ton cœur... je te connais... tu serais déjà à mes pieds, me demandant de te pardonner!...

LOUIS THIEUX, *comme prêt à aller vers Hargand.*

Monsieur Hargand!... monsieur Hargand!...

JEAN ROULD, *énergique.*

Demande-lui donc alors ce qu'il a fait de ta femme... et de tes deux fils!

LOUIS THIEUX, *avec un grand effort.*

Monsieur Hargand!... C'est vrai!... On ne peut pas... on ne peut pas vivre!... Ça n'est pas juste!...

HARGAND

Tu répètes une leçon, vieille bête!... et tu ne la sais même pas!...

JEAN ROULE, *s'avançant contre le bureau d'Hargand.*

Finissons-en!... Votre réponse!...

HARGAND, *nettement agressif, mais se contenant encore.*

Eh bien... la voici!... Car vous ne pensez pas que je vais discuter toutes vos absurdités... J'ai votre dossier — un peu tard, malheureusement — mais enfin, je l'ai!... Vous vous appelez Jean Roule?

JEAN ROULE

Que ce nom soit ou ne soit pas mon nom.., que vous importe?

HARGAND

Je vais vous le dire... Vous vous êtes introduit ici, avec un faux livret!

JEAN ROULE

M'auriez-vous embauché sans livret?... Et puis?

HARGAND, *s'animant de plus en plus.*

Vous avez subi, en France — je ne parle pas de l'étranger — deux condamnations... l'une pour vol... l'autre pour violences dans une grève... Vous êtes en rupture de ban...

JEAN ROULE

Et puis?...

HARGAND

Vous êtes compromis dans des affaires anarchistes!... Vous êtes un voleur... un assassin!...

JEAN ROULE

Et puis?...

HARGAND

Et puis?... (*Se levant, avec colère.*) Si je vous livrais à la justice?...

JEAN ROULE, *hautain et menaçant.*

Faites donc!...

ROBERT, *intervenant.*

Quel que soit cet homme, mon père,... il est ici sous la sauvegarde de votre honneur... et du mien!...

HARGAND, *à Robert, furieux.*

Toi!... (*Il n'achève pas... Perdant la tête, aux délégués.*) Que faites-vous ici, vous?... Allez-vous-en!... Je vous chasse... je vous chasse... Allez-vous-en!...

JEAN ROULE

C'était prévu... Retirons-nous...

HARGAND

Oui... oui... je vous chasse... Allez-vous-en!... Sortez!... sortez!... (*Les délégués s'acheminent vers la porte. Jean Roule les fait passer devant lui,*)

JEAN ROULE, *se tournant vers Hargand.*

Alors, c'est la guerre que vous voulez!... la guerre sans merci, ni pitié?... Rappelez-vous que nous sommes cinq mille!... Et si nous n'avons que nos poitrines nues contre les canons et les fusils de vos soldats... nous saurons, du moins, mourir jusqu'au dernier... Ça, je vous le dis... (*Il sort.*)

SCÈNE VI

HARGAND, ROBERT

HARGAND, *il arpente la pièce furieusement, puis tout à coup.*

Et toi aussi... je te chasse!... Que je ne te voie plus!... Que je ne te revoie jamais!... Va-t'en!... va-t'en!...

ROBERT

Ah! mon père!... C'est vous qui avez voulu tout cela!... (*Il sort.*)

SCÈNE VII

HARGAND, puis UN VALET DE CHAMBRE.

Hargand marche, marche, dans la pièce, longtemps... Par le désordre de son attitude, de ses gestes, on sent qu'un violent combat se livre en lui, entre la colère et les larmes... Jeu de scène... Il sonne... Un valet de chambre se présente.

HARGAND

Monsieur Maigret, tout de suite!...

LE VALET DE CHAMBRE

Bien, monsieur... (*Il sort précipitamment. Le valet de chambre sorti, Hargand reprend sa marche et ses gestes désordonnés; vaincu enfin, il se jette, s'affaisse dans un fauteuil, la tête dans ses mains et il sanglote. Maigret entre.*)

SCÈNE VIII

HARGAND, MAIGRET

MAIGRET, *à la vue d'Hargand, prostré, s'arrête, étonné, un instant sur le seuil de la porte, puis il court vers lui.*

Monsieur!... Que s'est-il passé?... Vous pleurez... vous!... Çà n'est pas possible!... Monsieur! (*Hargand ne répond pas et sanglote.*) Voyons... parlez-moi!...

HARGAND

C'est de ma faute!... c'est de ma faute!...

MAIGRET

Qu'est-ce qui est de votre faute?...

HARGAND

J'ai perdu la tête... oui, c'a été comme un coup de folie... Je les ai chassés, tous!...

MAIGRET

Voyons... voyons!...

HARGAND

Ah! je ne sais pas... je ne sais plus rien!... Pourquoi ai-je fait cela?... Maigret?... (*Il lui prend la main.*)

MAIGRET

Monsieur Hargand!...

HARGAND

Je suis sans-forces, maintenant... sans courage... Je suis frappé là... (*Il met sa main avec celle de Maigret sur son cœur.*) là!... Ils m'ont pris mon fils, comprenez-vous?... Et c'est de ma faute!... Je n'ai pas su l'émouvoir... je l'ai trop tenté!... Et puisqu'ils m'ont pris mon fils... eh bien! qu'ils prennent l'usine!... qu'ils prennent tout!... tout... tout!... Je leur abandonne tout...

MAIGRET

Ce n'est pas vous qui parlez?... vous ne pouvez pas parler ainsi!...

HARGAND

Si... si... Maigret... c'est moi, hélas!... c'est bien moi!...

MAIGRET

Allons donc!

HARGAND

Et puis... (*Avec plus d'efforts.*) je croyais avoir été un brave homme... avoir fait du bien autour de moi... avoir vécu, toujours, d'un travail acharné, utile et sans tache... Cette fortune dont j'avais l'orgueil — un sot orgueil, Maigret — parce qu'elle était un aliment à ma fièvre de production, et qu'il me semblait aussi que je la répandais, avec justice, sur les autres... oui, cette fortune, je croyais n'en avoir pas mésusé... l'avoir gagnée... méritée... qu'elle était à moi... quelque chose enfin, sorti de mon cerveau... une propriété de mon intelligence... une création de ma volonté...

MAIGRET

Alors!... ça n'est plus ça, maintenant?...

HARGAND, *avec découragement.*

Il paraît!...

MAIGRET

Je rêve, ma parole!... Ces gens-là vous ont donc tourné la tête?... Ah! c'est trop fort!

HARGAND

Ils ne m'ont demandé que des choses justes, après tout!...

MAIGRET, *hochant la tête.*

Des choses justes!... Jean Roule!... ça m'étonnerait!...

HARGAND

Ils veulent vivre!... ça n'est pourtant pas un crime!...

MAIGRET

Ah! vous voilà repris de vos scrupules! Vraiment ça n'est pas l'heure, monsieur!... Rappelez votre sang-froid... votre énergie!... Nous en avons besoin pour éviter de plus grands malheurs, encore!... Si vous vous laissez abattre par des chimères... que voulez-vous que nous fassions!... Ah! parbleu! vous n'avez pas voulu m'écouter... Voilà trois nuits que vous ne vous couchez pas... que vous vous tuez de travail!... Quelle que soit la force d'un homme, elle a des limites... et quand le corps est à bout... l'âme ne vaut guère mieux... Si vous vous étiez reposé, comme vous le deviez... rien de tout cela ne serait arrivé... Je me repose bien, moi!... et je dors chaque nuit!... Sans cela... il y a longtemps que je serais sur le flanc... et que je divaguerais comme une femme!...

HARGAND

Mais, mon fils, Maigret!... mon fils!... (*A ce moment du dehors, arrive le bruit d'une sonnerie de trompettes, encore lointaine, Maigret et Hargand se regardent et ils écoutent... Les sonneries deviennent plus claires.*)

MAIGRET

Ce sont les troupes!... Enfin! (*Il va vers la fenêtre.*)

HARGAND, *dans un grand geste accablé.*

Déjà!... (*Sonneries. Rideau.*)

FIN DU TROISIÈME ACTE

ACTE IV

ACTE IV

Un carrefour, dans la forêt, à la tombée de la nuit A droite, un pauvre Calvaire de bois se dresse sur des marches de pierre, herbues et disjointes. Le soleil est couché derrière les arbres, et leur hautes branches se dessinent, se découpent en noir sur l'ardeur rouge du ciel occidental. Les chemins de l'ouest sont éclairés de lueurs sanglantes, tandis que les ombres crépusculaires envahissent tout l'orient. Une brume, rose ici, et là bleue, monte de la forêt. Durant l'acte, les lueurs du ciel s'affaiblissent, agonisent, meurent; l'ombre gagne les chemins, la forêt s'assombrit; le ciel, où quelques étoiles s'allument, devient d'un violet pâle; la nuit se fait progressivement.

SCÈNE PREMIÈRE

MADELEINE, JEAN ROULE

Au lever du rideau, une patrouille, conduite par un officier, traverse la scène. Aussitôt passée, Jean Roule et Madeleine débouchent d'un chemin et, la main dans la main, ils écoutent la patrouille dont les pas rythmés et le cliquetis d'armes vont se perdant dans la forêt. Ensuite, ils s'avancent vers le Calvaire. A ce moment, les branches de la croix qui s'enlèvent nettement sur le ciel, sont frappées d'un reflet orangé, qui s'éteint bientôt. Madeleine est en cheveux, drapée dans une mante sombre. Elle porte quelques lanternes de papier non allumées qu'elle dépose sur les marches du Calvaire. Jean Roule écoute encore. Le silence, maintenant, est profond.

JEAN ROULE, *presque bas.*

Je ne les entends plus.

MADELEINE

C'est la dernière patrouille. On ne nous croit pas par ici... Les dragons gardent tous les chemins et toutes les sentes qui mènent au Pré-du-Roy!... nous ne serons pas dérangés!...

JEAN ROULE

Ne crains-tu pas qu'en allumant les lanternes que tu as apportées...

MADELEINE

Non... Nous sommes loin de la ville, loin des postes... Et c'est là-bas qu'on nous surveille!... D'ailleurs, il n'y aura pas de lune, ce soir... Ils faut bien qu'ils te voient... qu'ils puissent voir mon Jean... qnand il leur parlera... (*Jean s'assied sur une marche, songeur... Madeleine va couper quelques branches, et dispose ensuite les lanternes sur la plate-forme du Calvaire.*) On dirait d'une fête!...

JEAN

Une fête!... (*Silence.*) Pourvu qu'ils viennent!

MADELEINE

Ils viendront!... (*Ayant fini, elle vient près de Jean, debout.*) Oh! je t'en prie, ne sois pas nerveux, agité!... Fais un grand effort sur toi-même!... Du calme! je t'en conjure!... En attendant qu'ils viennent, veux-tu marcher, encore un peu!...

JEAN

Non... non... j'aime mieux être près de toi!.. assieds-toi près de moi... donne-moi tes mains!... (*Madeleine donne ses mains.*)

MADELEINE

Comme elles sont brûlantes, tes mains!.. (*Un silence*). Tu souffres... de la faim?

JEAN, *secouant la tête.*

Je souffre de n'avoir plus confiance. Ils m'échappent de plus en plus, ma chère Madeleine... Les uns sont las de lutter... les autres se croient trahis... parce que je les ai voulus des hommes!... C'est toujours la même chose!... Si nous n'avions pas reçu de Belgique, cet argent qui leur a permis de manger un peu, depuis deux jours, ils auraient déjà tout lâché!... Ton père, lui-même!...

MADELEINE

Oh! le père est malade!... C'est trop d'émotion pour lui!... Depuis votre entrevue avec Hargand, à peine s'il sait ce qu'il dit!... Il n'a plus sa raison.

JEAN

Sa pensée est au château, avec le maître!... Il s'est repris à sa servitude... Les autres aussi, va!... Et puis, quand le soupçon est entré dans l'esprit des foules... c'est fini!...

MADELEINE

On exploite leur faiblesse et leur ignorance... C'est naturel... et tu devais t'y attendre!... Mais tu peux les reconquérir!...

JEAN, *secouant la tête.*

Ils ne savent pas ce que c'est que le sacrifice... Ils s'effarent devant la faim... et tremblent devant la mort!...

MADELEINE

Il faut leur apprendre à supporter l'une... à braver l'autre!...

JEAN

Et comment?... Je m'y épuise en vain...

MADELEINE

Par la douceur... et par la bonté!...

JEAN

Ils diront que je suis lâche!...

MADELEINE

Est-ce à coups de fouet que Jésus soulevait les hommes? (*Jean fait un geste de découragement.*) Ce sont les mêmes hommes... Rien n'a changé!... (*Elle appuie ses mains tendrement à l'épaule de Jean.*) Sois doux et sois bon... ne t'emporte pas... Et dis-leur des choses simples... des choses qu'ils puissent comprendre!... Sous la dure enveloppe de leur corps, ce sont de pauvres petites âmes que tout effarouche... Ne les heurte pas par la violence... Aime-les... même s'ils t'insultent!... Pardonne-leur... même s'ils te frappent!.. Sois avec eux, comme avec de pauvres malades ou des petits enfants!...

JEAN

Oh! Madeleine!... Quel cœur est le tien!... Et comme je me sens petit... petit, devant toi!...

MADELEINE

Ne dis pas cela!... Mais que serais-je sans toi? Te souviens-tu comme j'étais faible et timide... et comme il faisait nuit dans mon âme?... Tu es venu!... Et tout ce qui dormait en moi... s'est réveillé... tout ce qui était obscur en moi... s'est illuminé!... Et c'est de ta lumière... de ta lumière, mon bien-aimé, que je suis faite, aujourd'hui!...

JEAN

Aujourd'hui!... c'est toi qui me soutiens, Madeleine... toi qui redresses mon courage... quand il chancelle... toi qui, de mes défaillances, fais sans cesse un renouveau de force et de foi... C'est dans tes yeux... dans le ciel profond de tes yeux que je vois l'étoile future... et se lever, enfin, l'aube de la luire suprême délivrance!... Et j'avais deviné, et j'avais vu tout cela, tout cela, dans tes larmes!

MADELEINE

Souviens-toi, quand je pleurais!... (*Elle appuie sa tête contre la poitrine de Jean.*) Rien qu'un seul de tes regards séchait aussitôt mes yeux!... Et, à ta voix qui me parlait... c'était, mon Jean, comme des palais... des palais où les pauvres étaient vêtus d'or... où je voyais passer toutes mes détresses en longues traînes brillantes... ailées aussi, belles et légères comme des fleurs!... Oh! tu ne peux pas savoir les miracles de ta présence!... Et comment, rien que d'être là, près de nous, tu changeais en un royaume éblouissant... notre maison si misérable et si noire!...

JEAN

Madeleine!... Madeleine!... J'avais vu tout cela dans tes lärmes!

MADELEINE

Et mes petits frères!... Souviens-toi, quand ils pleuraient!... Tu les prenais sur tes genoux, tu les berçais, tu leur disais des choses si douces!... Et ils te souriaient, et ils s'endormaient, apaisés, heureux, dans tes bras!... (*Jean enlace Madeleine.*) Eh! bien... fais pour ceux qui vont venir ici... tout à l'heure... ce que tu faisais pour mes petits frères et pour moi... Et ils te souriront... et ils te suivront... jusqu'au sacrifice... jusqu'à la mort... en chantant!

JEAN

Oh! Madeleine!... Madeleine!... J'accepte tout ce qui peut arriver!... Quelques amertumes... quelques trahisons... quelques douleurs qui m'attendent encore... je ne me plaindrai plus... puisqu'il m'a été donné de rencontrer, un jour, sur mon chemin de misère, la joie immense et sublime de ton amour!... (*Ils se serrent, s'embrassent.*) Oh!... tes yeux... que j'y puise la force sainte... tes lèvres... que j'y boive le miracle!... (*Ils restent enlacés quelques secondes.*) Encore!... encore!... Si le jour pouvait ne plus se lever jamais sur l'ivresse d'une telle nuit!...

MADELEINE, *tout d'un coup, elle s'est levée.*

Tais-toi!... tais-toi!... Écoute!... (*Elle fait quelques pas, écoutant.*) J'entends des pas... j'entends des voix!... Ce sont eux!... (*Jean se lève. Il se passe la main sur le front.*)

JEAN

Allons!...

MADELEINE, *revenant vers Jean.*

Quoi qu'ils fassent, mon Jean... quoi qu'ils disent... sois bon... Tu me l'as promis!

JEAN, *sans force.*

Oui!...

MADELEINE, *allant à l'entrée d'une sente, à droite, et parlant aux grévistes encore invisibles.*

Par ici!... par ici!... (*Un à un, groupe par groupe, les grévistes débouchent de la sente.*)

SCÈNE II

JEAN ROULE, MADELEINE, PHILIPPE HURTEAUX, PIERRE ANSEAUME, JOSEPH BORDES, JULES PACOT, ZÉPHIRIN BOURRU, FRANÇOIS GOUGE, PIERRE PEINARD.

GRÉVISTES, FEMMES, ENFANTS

PIERRE ANSEAUME

Salut, Madeleine!

MADELEINE

Salut, Pierre!...

PIERRE ANSEAUME, *allant vers Jean.*

Fais attention!... Il y en a ici qui viennent avec de mauvaises idées...

JEAN

Je le sais, Pierre... mais je leur parlerai...

PIERRE ANSEAUME

On les a travaillés, depuis quelques jours!... Et si tu fouillais dans leurs poches... tu y trouverais peut-être de l'argent qui sent encore les doigts de Maigret!...

JEAN

Tu te trompes, Pierre... Il y a ici des gens sans courage, oui!... Des traîtres!... je ne peux pas le croire...

PIERRE ANSEAUME

Il y a des crapules partout!... Fais attention... Moi, je t'approuve... je suis pour toi... et je veille!...

JEAN, *serrant la main de Pierre.*

Il y a aussi de braves cœurs... Merci, camarade... j'ai toujours compté sur toi...

(*Les grévistes arrivent toujours : des hommes avec leurs tabliers de cuir et leurs chapeaux collés au crâne; les autres, en tenue des dimanches; d'autres déguenillés. Il y a beaucoup de femmes, avec des fichus sur la tête ou de longues mantes noires, qui traînent des enfants ou les portent dans leurs bras. Figures hâves, décharnées, avec des marques de souffrance et de faim; figures farouches aussi, toutes dans une pénombre qui ajoute à l'expression des visages un caractère impressionnant. Ils arrivent toujours, de droite, de gauche, de tous les côtés, débouchent de tous les chemins, de toutes les sentes. Ils se massent à droite et à gauche du Calvaire. Jean a gagné la plate-forme, et, debout, le dos appuyé au fût de la croix, pendant que la foule se masse et que Madeleine allume les lanternes, il attend, grave, le visage éclairé par leur pâle lumière. Des colloques s'établissent entre les grévistes. Un murmure de voix s'élève de la foule.*)

JOSEPH BORDES, *dans un groupe de gauche.*

Ah! zut!... regarde-le... Il est rien pâle!...

JULES PACOT

Il a peur... tiens!... Il ne fait plus le malin!... Il traque, quoi!...

JOSEPH BORDES

Faudra pourtant qu'il s'explique!...

JULES PACOT

Pour sûr qu'il ne voudra rien savoir!...

PIERRE PEINARD, *âgé.*

Qu'est-ce qu'il y a?... De qui parles-tu, toi?

JULES PACOT

De ta sœur!... (*On rit. Pierre Peinard se perd dans la foule en haussant les épaules.*)

JOSEPH BORDES, *désignant le Calvaire.*

Y a-du bon!... Oh! la la! mince de luminaire!... C'est-y qu'c'est l'quatorze juillet?... (*Quelques rires, mêlés à des exclamations indignées. Ces deux ouvriers se perdent aussi dans la foule, plus à gauche. A droite, un remous de la foule, des cris, une dispute.*)

FRANÇOIS GOUGE

J'te dis que si, moi!...

ZÉPHIRIN BOURRU

J'te dis que non, moi!...

FRANÇOIS GOUGE

J'te dis qu'il a gardé la moitié de l'argent!...

ZÉPHIRIN BOURRU

Répète ça, un peu!...

FRANÇOIS GOUGE

Oui, il a gardé l'argent!...

ZÉPHIRIN BOURRU

Eh bien, garde ça, toi. (*Il le frappe.*) Et va le porter à Hargand qui te paie pour venir faire du potin ici!... (*Cris, tumulte, on s'interpose.*)

FRANÇOIS GOUGE, *se débattant.*

Vaches!... Eh! sales vaches!... (*On le bouscule. Il disparaît.*)

UNE VOIX DANS LA FOULE

Taisez-vous!...

UNE AUTRE VOIX

Enlevez-le!...

PIERRE ANSEAUME

Si vous gueulez comme ça!... C'est la troupe qui viendra vous enlever!...

VOIX DIVERSES, *partant de divers côtés.*

Silence!... silence!...

(*Peu à peu l'ordre se rétablit, les cris s'apaisent. Madeleine est venue s'asseoir sur la plus haute marche. Des femmes serrées l'une contre l'autre occupent des places sur les marches inférieures. Jean Roule s'avance. Il est calme et pâle. On ne voit guère que son visage. Et le tas des femmes assises grouille, indécis, dans la pénombre, par-dessus les têtes houleuses de la foule qui, maintenant, emplit tout le carrefour. Jean Roule étend le bras, fait un geste.*)

QUELQUES VOIX, *de ci, de là.*

Écoutez!.. écoutez!... (*Mouvement d'attention.*)

JEAN ROULE, *d'une voix assurée.*

Mes amis...

UNE VOIX DANS LA FOULE

Nous ne sommes pas tes amis. (*Cris : Silence donc!... Silence... Écoutez-le!*)

JEAN ROULE, *d'une voix qui domine le bruit.*

Mes amis... écoutez-moi... Si quelques-uns, parmi vous, ont des reproches à me faire, qu'ils les fassent!... des accusations à porter... qu'ils les portent!... Mais comme des hommes libres... et non comme des gamins!... Nous sommes ici pour nous expliquer entre braves gens... non pour nous injurier et nous battre! (*Murmures.*)

VOIX DE LA FOULE

Oui... oui!... C'est cela!...

UN OUVRIER

Parle! parle!... Nous t'écoutons!...

PIERRE ANSEAUME

Et silence aux vendus!... (*Exclamations.*)

JEAN ROULE

Vous avez le droit de discuter... de juger mes actes... Si je n'ai plus votre confiance, vous pouvez me retirer le mandat que vous m'aviez délégué... Je crois l'avoir rempli au mieux de votre dignité et de vos intérêts... Si je me suis trompé, je vous le rends. Donnez-le à un plus digne, à un plus dévoué!

VOIX DIVERSES

Non!... non!... Si... si... Silence!... silence!...

JEAN ROULE, *au milieu du bruit et le dominant.*

Mais, au nom de votre honneur... au nom de l'idée pour laquelle nous luttons... ne salissez pas un homme qui n'a qu'une pensée : vous aimer... qu'un but : vous servir... et cette illusion, peut-être, de vous croire des héros capables de vous émanciper... alors que vous ne seriez que des esclaves, tendant le col à de nouveaux carcans... les mains à de plus lourdes chaînes!... (*Légers murmures, des oh! des ah! mais plus timides. On sent que, d'après le silence relatif qui suit ces paroles, Jean Roule a repris un peu plus d'autorité momentanée sur la foule. Un temps.*) Ces reproches... ces accusations qu'on colporte, depuis quelque temps, de groupe en groupe, de maison en maison, pour semer la désunion parmi nous, et nous faire plus désarmés devant nos ennemis... je les connais... et je vais y répondre... A cela, seulement!... car vous me mésestimeriez si je m'arrêtais, un seul instant, aux ignobles calomnies... dont il n'est pas difficile de trouver la source impure. (*Murmures encore, Oh! Ah!*)

PIERRE ANSEAUME

Bravo!... bravo!...

JEAN

Vous me reprochez — et c'est là le plus gros grief qui me soit imputé — vous me reprochez d'avoir refusé le concours des députés radicaux et socialistes qui voulaient s'immiscer dans nos affaires... et prendre la direction de la grève?...

VOIX DIVERSES

Ah! ah!... Oui... oui... Silence... Écoutez!...

JEAN

J'ai fait cela... c'est vrai!... et je m'en honore!... (*Mouvements divers.*) Vos députés!... ah! je les ai vus à l'œuvre!... Et vous-mêmes, vous avez donc oublié déjà le rôle infâme... la comédie piteusement sinistre qu'ils jouèrent dans la dernière grève... et comment... après avoir poussé les ouvriers à une résistance désespérée, ils les livrèrent... diminués... dépouillés... pieds et poings liés... au patron... le jour même ou un dernier effort... un dernier élan... l'eussent obligé à capituler... peut-être!... Eh! bien, non!... Je n'ai pas voulu que, sous prétexte de vous défendre, des intrigants viennent vous imposer des combinaisons où vous n'êtes — entendez-vous — qu'un moyen pour maintenir et accroître leur puissance électorale... et qu'une proie pour satisfaire leurs appétits politiques!... Vous n'avez rien de commun avec ces gens-là! Leurs intérêts ne se confondent pas plus dans les vôtres... que ceux de l'usurier et de son débiteur... de l'assassin et de sa victime!... (*Mouvements en sens divers; un frémissement qui sent la bataille court dans la foule et l'agite. Jean Roule, d'une voix plus forte.*) Voyons!... qu'ont-ils fait pour vous?... qu'ont-ils tenté pour vous?... Où est-elle la loi libératrice qu'ils aient votée... qu'ils aient proposée, même?...

UNE VOIX

C'est vrai!... c'est vrai!...

JEAN

Et à défaut de cette loi... impossible... je l'accorde... un cri... un seul cri de pitié qu'ils aient poussé?... ce cri qui sort des entrailles mêmes de l'amour... et qui maintient aux âmes des déshérités... l'indispensable espérance... cherchez-le... redites-le-moi... et, nommez-m'en un seul, parmi les politiques, un seul, qui soit mort pour vous... qui ait affronté la mort pour vous!...

ZÉPHIRIN BOURRU, *parmi les murmures.*

Bravo!... C'est vrai!... A bas la politique!... A bas les députés!

JEAN

Comprenez donc qu'ils n'existent que par votre

crédulité !... Votre abrutissement séculaire, ils l'exploitent comme une ferme... votre servitude, ils la traitent comme une rente... Vous, vivants, ils s'engraissent de votre pauvreté et de votre ignorance... et, morts, ils se font un piédestal de vos cadavres!... Est-ce donc ce que vous vouliez?

UNE VOIX

Non !... non !... Il a raison !...

JEAN

Et le jour où les fusils des soldats abattent sur le sol rouge, vous... vos enfants et vos femmes, où sont-ils ?... A la Chambre !... Que font-ils?... Ils parlent !... (*Applaudissements et protestations.*) Pauvre troupeau aveugle, vous laisserez-vous donc toujours conduire par ces mauvais bergers?...

JULES PACOT, *parmi les grondements.*

Il ne s'agit pas de tout çà !...

FRANÇOIS GOUGE

Nous ne sommes pas des troupeaux !

JULES PACOT

Il nous insulte... nous sommes autant que lui !...

PHILIPPE HURTEAUX, *se hissant sur un tronc d'arbre abattu.*

Assez causé !... Dis-nous donc ce que tu as fait de l'argent ?...

VOIX

Oui !... oui !... l'argent !... l'argent !...

JEAN ROULE

Qui parle ainsi ?...

PHILIPPE HURTEAUX, *il descend et s'avance au pied des marches du Calvaire.*

Moi !... Philippe Hurteaux !...

JEAN ROULE

On te trompe, Philippe Hurteaux... Et pourquoi m'obliges-tu à leur dire publiquement que je n'ai rien gardé... et que je vous ai donné ma part?...

VOIX

Allons donc!... Bravo !... bravo !... (*Philippe discute avec animation et rentre dans la foule.*) La preuve !... la preuve !...

PIERRE ANSEAUME

Silence donc !... Silence aux canailles... silence aux vendus !... (*Tumulte.*)

JEAN ROULE, *dominant le tumulte, et d'une voix retentissante.*

Laissez-moi parler !... Vous ne m'empêcherez pas de parler... vous qui vous faites les complices de nos ennemis et les porte-voix de leurs imbéciles calomnies !...

VOIX

Ecoutez !... écoutez !...

JEAN ROULE

Ah ! je lis dans vos âmes... Vous avez peur d'être des hommes... De vous sentir affranchis et désenchaînés, cela vous effare... Vos yeux habitués aux ténèbres n'osent plus regarder la lumière du grand soleil... vous êtes comme le prisonnier que l'air de la plaine, au sortir du cachot, fait chanceler et tomber sur la terre libre !... Il vous faut encore... il vous faut toujours un maître !... Eh bien, soit !... Mais choisissez-le... et, oppression pour oppression... maître pour maître... (*Mouvement de la foule... avec un grand geste.*) gardez le patron !... (*Explosion de colère.*) Gardez le patron !... (*Poings levés et bouches hurlantes, les grévistes se massent plus près du Calvaire. Jean descend deux marches et empoignant par les épaules un gréviste, il le secoue, et d'une voix retentissante.*) Le patron est un homme comme vous !... On l'a devant soi... on lui parle... on l'émeut... on le menace... on le tue !... Au moins il a un visage, lui... une poitrine où enfoncer le couteau !... Mais allez donc émouvoir cet être sans visage qu'on appelle un politicien !... allez donc tuer cette chose qu'on appelle la politique !... cette chose glissante et fuyante que l'on croit tenir, et toujours vous échappe... que l'on croit morte et toujours recommence !... cette chose abominable, par quoi tout a été avili, tout corrompu, tout acheté, tout vendu !... justice, amour, beauté !... qui a fait de la vénalité des consciences, une institution nationale de la France... qui a fait pis encore... puisque de sa base immonde elle a sali la face auguste du pauvre !... pis encore... puisqu'elle a détruit en vous, le dernier idéal... la foi dans la Révolution !... (*L'attitude énergique de Jean, les gestes, la force avec laquelle il a prononcé ces dernières paroles, imposent momentanément le silence. La foule recule, mais reste houleuse et grondante.*) Comprenez-vous ce que j'ai voulu de vous... ce que je demande encore à votre énergie, à votre dignité... à votre intelligence ?... J'ai voulu... et je veux... que vous montriez, une fois,... au monde des prébendiers politiques... cet exemple nouveau... fécond... terrible... d'une grève, faite... enfin... par vous seuls... pour vous seuls !... (*Un temps.*) Et si vous devez mourir encore, dans cette lutte que vous avez entreprise... sachez mourir... une fois... pour vous... pour vos fils... pour ceux-là qui naîtront de vos fils... non plus pour les thésauriseurs de votre souffrance... comme toujours !... (*Grondements sourds, agitation; les grévistes, encore dominés, se regardent, s'interrogent.*)

PHILIPPE HURTEAUX, *il se dégage de la foule, encouragé par quelques grévistes et revient au pied du Calvaire.*

Tout cela est très bien !... Et toi aussi, Jean Roule, tu parles comme un député... (*Rires dans la foule.*) Mais nous donneras-tu de l'argent ?... nous donneras-tu du pain ?...

VOIX NOMBREUSES, *mêlées à quelques protestations fidèles.*

C'est cela !... Du pain !... Parle !... parle !... Vive Hurteaux !...

PHILIPPE HURTEAUX

Car enfin, nous ne pouvons pas vivre que de tes paroles...

JULES PACOT

Ah ! ah !... c'est ça !... Mouche-le.

PHILIPPE HURTEAUX

... si belles qu'elles soient... (*Bravos !... Hurteaux, encouragé et flatté, bombe le torse, prend une attitude d'orateur.*) Avec les députés, que tu as chassé d'ici... nous aurions eu de l'argent et du pain... (*A la foule.*) C'est-y vrai, vous autres ?

VOIX DE PLUS EN PLUS NOMBREUSES

Oui !... oui !...

PHILIPPE HURTEAUX

Et nous aurions pu durer... C'est-y vrai aussi ?...

VOIX

Oui !... oui !...

JEAN ROULE

C'est la paresse qui te fait parler, Philippe Hurteaux... Et tu es un mauvais enfant! La grève!... Ah! tu as cru que c'étaient les journées sans travail... la flâne... la godaille... la saoulerie... et qu'on te paierait pour ça!... Je te connais, va!... Tant qu'il y a eu de quoi fricoter et boire... tu as été parmi les violents... maintenant qu'il faut se serrer le ventre et souffrir... il n'y a plus personne !... Eh bien! va-t'en... On ne te retient pas !... (*Murmures hostiles.*)

PHILIPPE HURTEAUX, *bravache.*

Tes paroles ne m'épatent plus, tu sais!... Tes airs de maître ne me font pas peur... Je ne te demande pas tout ça !... Réponds!... Du pain ?...

JEAN ROULE

Il y en a dans les boulangeries de la ville!... va le prendre!... (*Oh! oh!... dans la foule.*)

PHILIPPE HURTEAUX

De l'argent ?...

JEAN ROULE

Gagne-le !... (*Redoublement des cris. Des ah! des ah!... L'hostilité contre Jean Roule gagne de plus en plus la foule.*)

PHILIPPE HURTEAUX, *à la foule.*

Vous l'entendez ?...

LA FOULE

Oui... oui !...

PHILIPPE HURTEAUX

Et comment veux-tu que je le gagne... puisque c'est toi qui m'as fait chasser de l'atelier... puisque c'est toi qui nous affames !... Comment veux-tu que je le gagne... farceur ?

JEAN ROULE

En te battant... lâche !... (*Cris, rumeurs... En vain Pierre Anseaume et quelques fidèles s'interposent pour ramener la foule à d'autres sentiments.*)

PHILIPPE HURTEAUX

Et des armes !... As-tu des armes à nous donner ?... des armes seulement !

JEAN ROULE

Des pieux... des piques... des torches... ta poitrine !

PHILIPPE HURTEAUX

Allons donc !... Tu ne voudrais pas !... (*A la foule.*) Ma poitrine pour monsieur !... Il ne voudrait pas !... (*A Jean Roule.*) Eh bien, donne-nous du pain... et nous nous battrons !...

LA FOULE

Du pain !... du pain !... A bas Jean Roule...

PHILIPPE HURTEAUX

Nous en avons assez de toi !...

LA FOULE

Du pain !... du pain !...

PHILIPPE HURTEAUX

Est-ce qu'on te connait seulement?... est-ce qu'on sait d'où tu viens?... Allons!... on t'a assez vu!... Oust!... le Prussien!

LA FOULE, *déchaînée.*

A bas Jean Roule!... A bas le Prussien!...

JEAN ROULE, *il retrouve dans son épuisement même plus de forces encore, et plus de sonorité dans la voix.*

Cœur lâches qui ne savez pas... qui ne voulez pas souffrir!...

LA FOULE

A bas Jean Roule!... A bas Jean Roule!...

JEAN ROULE

Eh bien!... retournez à Hargand, esclaves!... A la chaîne, chiens!... Au boulet, forçats!...

LA FOULE, *tendant les poings vers Jean Roule.*

A mort!... à mort!...

JEAN ROULE

Gagnez-le donc, l'argent que vous a promis Maigret!... Et tuez moi!... me voici!... (*Il fait un pas et se croise les bras sur la poitrine.*) Et n'ayez pas peur... Je ne me défendrai pas!...

LA FOULE

Oui!... oui!... A mort!... à mort!... (*Malgré les résistances de ceux qui sont restés fidèles à Jean Roule, la foule se précipite, hurlante, bouscule les femmes assises sur les marches... veut escalader le Calvaire.*

PIERRE ANSEAUME, *luttant.*

Brutes!... sauvages... assassins!...

PHILIPPE HURTEAUX

Empoignons-le... accrochons-le à un arbre de la forêt!

LA FOULE

A mort!... à mort!...

(*La foule a déjà envahi la seconde marche. Philippe Hurteaux a gagné la plate-forme, et se ruant sur Jean Roule qui les bras toujours croisés, la tête haute, ne se défend pas, lui a mis les mains sur l'épaule. Tout à coup, Madeleine se dresse toute droite, étend ses bras en croix, en déployant les plis de sa mante, comme deux ailes. Un gréviste qui était parvenu jusque-là, recule.*)

MADELEINE, *d'une voix forte.*

Arrière!... arrière!... (*Arrêt dans la foule. D'une voix plus forte.*) Arrière, vous dis-je!... (*Le mouvement de recul s'accentue.*) Arrière encore!... (*Philippe Hurteaux a lâché Jean Roule; des gestes s'immobilisent. Toutes les faces, tous les regards se tendent vers Madeleine.*)

VOIX DANS LA FOULE, *par-dessus les cris diminués.*

C'est Madeleine!... c'est Madeleine!...

MADELEINE, *le silence s'est fait.*

Je ne suis qu'une femme... et vous êtes des hommes!... Mais je ne vous laisserai pas commettre un crime ici!... Non seulement je ne vous laisserai pas toucher à celui que j'aime, au héros de mon cœur... et dont je porte un enfant dans mes flancs!... Je vous défends d'insulter... (*Elle montre d'un grand geste, le Calvaire.*) à cette croix, où depuis deux mille ans, sous le poids de vos misérables haines, agonise celui-là qui, le premier, osa parlér aux hommes de liberté et d'amour!... Arrière!...

donc... arrière!... arrière!... arrière!... (*Ceux qui avaient envahi les marches, reculent. La fureur mollit aux visages. Des dos se courbent.*)

VOIX DANS LA FOULE

C'est Madeleine!... c'est Madeleine!... Ecoutez Madeleine... écoutez!

MADELEINE

Jean vous a parlé durement... injustement... Il a eu tort!... Mais vous avez eu un tort plus grand, vous, en excitant sa colère, en provoquant sa violence... par d'odieux soupçons et de lâches calomnies!... Vous auriez dû savoir qui les répand... qui les propage... et dans quel but... Et cette boue dont on voulait atteindre un homme redouté, il fallait la laisser aux sales doigts qui l'ont pétrie!...

QUELQUES VOIX

C'est vrai!... c'est vrai!...

D'AUTRES VOIX

Parle, Madeleine... nous avons confiance en toi!

MADELEINE

Depuis le commencement de cette longue et douloureuse grève, Jean s'épuise à vous aimer, à vous servir, à vous défendre contre vos ennemis et contre vous-mêmes, qui êtes vos pires ennemis... Il n'a qu'une pensée... vous... encore vous... toujours vous!... Je le sais... et je vous le dis, moi la compagne de sa vie... moi la confidente de ses rêves, de ses projets, de ses luttes... moi qui n'étais qu'une pauvre fille, et qui pourtant ai pu puiser dans son amour, assez de courage, assez de foi ardente, pour que j'ose vous parler comme je le fais, ce soir... moi, moi, l'enfant silencieuse et triste, que vous avez connue, et que beaucoup d'entre vous ont tenue, toute petite, dans leurs bras!...

UN VIEILLARD

Parle-nous encore... Ta voix nous est plus douce que le pain...

MADELEINE

Et voilà comment vous le remerciez!... Vous lui réclamez de l'argent et du pain?... Mais il en a moins que vous... puisque, chaque fois, il vous a donné sa part et la mienne!... Vous lui demandez d'où il vient?... Que vous importe d'où il vient?... puisque vous savez où il va!... Hélas!... mes pauvres enfants, il vient du même pays que vous... du même pays que tous ceux qui souffrent... de la misère... Et il va vers l'unique patrie de tous ceux qui espèrent... le bonheur libre!... (*Emotion dans la foule; les visages se détendent de plus en plus, et de plus en plus s'illuminent.*)

VOIX NOMBREUSES

Oui! oui!... Parle encore!... parle encore!...

MADELEINE

Allez-y donc, vers cette patrie!... Jean connaît les chemins qui y mènent... Marchez... marchez avec lui... et non plus avec ceux dont les mains sont rouges du sang des pauvres!... Marchez!... La route sera longue et dure!... vous tomberez bien des fois sur vos genoux brisés... Qu'importe?... Relevez-vous et marchez encore!... La justice est au bout!...

LA FOULE

Oui! oui!...

UNE VOIX

Ne nous abandonne pas...

UNE AUTRE VOIX

Nous te suivrons!...

UNE AUTRE VOIX

Nous le suivrons!...

MADELEINE

Et ne craignez pas la mort!... Aimez la mort!... La mort est splendide... nécessaire... et divine!... Elle enfante la vie!... Ah! ne donnez plus vos larmes!... Depuis des siècles que vous pleurez, qui donc les voit, qui donc les entend couler!... Offrez votre sang!... Si le sang est comme une tache hideuse sur la face des bourreaux... il rayonne sur la face des martyrs, comme un éternel soleil... Chaque goutte de sang qui tombe de vos veines... chaque coulée de sang qui ruisselle de vos poitrines.., font naître un héros... un saint... (*Montrant le Calvaire*)... un Dieu!... Ah! je voudrais avoir mille vies pour vous les donner toutes... Je voudrais avoir mille poitrines... pour que tout ce sang de délivrance et d'amour... en jaillisse sur la terre où vous souffrez!... (*Emotion immense... Extase sur les visages.*)

UNE VOIX

Nous voulons bien mourir... nous voulons bien mourir!

LA FOULE

Oui! oui!...

MADELEINE

Ah! je vous retrouve enfin!... Et je suis heureuse... heureuse... Ce qui s est passé. tout à l'heure, ce ne sont que des paroles, heureusement!....Il me faut des actes, maintenant!...

LA FOULE

Oui... oui!... Vive Madeleine... vive Madeleine!

MADELEINE

Ah! ne criez pas « Vive Madeleine!... » Je ne suis pas Madeleine, ici!... Je ne suis que l'âme de celui à qui, il n'y a qu'un instant, allaient vos menaces de mort!... Criez : « Vive Jean Roule!... » Prouvez-moi que vous lui pardonnez sa violence, comme il vous a déjà pardonné vos soupçons... et vos injures...

LA FOULE

Vive Jean Roule!... vive Jean Roule!... Vive Madeleine.

(*Philippe Hurteaux n'a pas crié. Il lui reste dans les traits une crispation farouche.*)

MADELEINE, *à Philippe.*

Et toi, Philippe Hurteaux?...

PHILIPPE HURTEAUX

Je... non... (*Il fait un geste violent.*)

MADELEINE, *très douce.*

Philippe Hurteaux!... Nous nous connaissons bien, tous les deux... Quand j'étais petite, tu aimais venir avec moi... Nous allions ensemble par les champs... par les bois... Et, sur le talus des chemins, tu cueillais des fleurs dont tu parais mes cheveux... Quand les autres me battaient, tu me défendais. . tu me défendais comme un petit lion!... Tu étais brave et gentil... Est-ce que tu ne te souviens plus de cela?...

PHILIPPE HURTEAUX, *embarrassé.*

Si, Madeleine... je me souviens... mais, maintenant...

MADELEINE, *l'interrompant.*

Maintenant, tu es un grand et robuste garçon. Et

ton cœur est resté le même... bon et chaud, comme autrefois... Allons fais ta paix avec Jean et... donne-lui la main!...

PHILIPPE HURTEAUX

Madeleine... Madeleine... ne me demande pas ça!...

MADELEINE, *très douce.*

Donne-lui ta main... donne-lui ta main. Je t'en prie!...

LA FOULE

Oui!... oui!... Madeleine a raison!...

PHILIPPE HURTEAUX, *il hésite puis vaincu, il tend la main.*

Eh bien... oui!... (*Les deux hommes s'embrassent. Enthousiasme dans la foule. Toutes les mains tous les visages se tendent vers Madeleine.*)

MADELEINE

Et que ce soit le signe de notre réconciliation à tous... que ce soit le pacte d'une union que rien, désormais, ne pourra plus rompre!... Vous le jurez!

LA FOULE

Oui!... oui!... Nous le jurons!... vive Madeleine!... vive Jean Roule!... vive la grève!...

UN VIEILLARD, *au pied des marches.*

Tu es notre petite mère... Madeleine!... (*A ce moment, l'enthousiasme est à son apogée; les femmes assises sur les marches se sont levées et tendent leurs enfants vers Madeleine.*)

MADELEINE, *l'ivresse de la foule un peu calmée et la main dans la main de Jean.*

Maintenant, retirez-vous... rentrez chez vous... (*De*

son bras libre elle fait un geste dans la direction de la ville. D'une voix retentissante.) Et demain ?...

LA FOULE

Oui !... oui !... oui !...

MADELEINE

Vous nous suivrez tous les deux?...

LA FOULE

Oui !... oui !... oui !...

MADELEINE

Jusqu'à la mort?...

LA FOULE

Jusqu'à la mort !... à la mort !... à la mort ! (*Reprise de l'enthousiasme.*)

MADELEINE

Eh bien !... à demain !... Devant les usines... tous !... tous !

LA FOULE

Tous !... tous !... Vive la grève !

(*La foule s'écoule lentement... par tous les chemins... par toutes les sentes.*)

SCÈNE III

MADELEINE, JEAN ROULE

Jean Roule et Madeleine sont restés sur la plate-forme, la main dans la main. La foule partie, ils descendent les marches, lentement !

JEAN ROULE, *il attire Madeleine dans ses bras, l'enlace et pleure.*

Tu vois... C'est moi qui pleure, maintenant, qui pleure dans tes bras!... Je suis ton petit enfant!...

MADELEINE

Je t'aime, mon Jean!

JEAN ROULE

C'étaient des loups, et tu en as fait des moutons... des lâches, et tu en as fait des héros!... Quelle est donc ta puissance?

MADELEINE

Je t'aime!...

JEAN ROULE

Ils voulaient me tuer... et tu m'as sauvé de la mort!...

MADELEINE

Je t'aime!...

JEAN ROULE

Madeleine!... Madeleine!... femme au cœur sublime, tu es de ces élues, comme, aux époques lointaines, il en surgissait, des profondeurs du peuple, pour ressusciter les courages morts et redresser les fois abattues!... Tu es celle...

MADELEINE, *étreignant Jean et lui couvrant les lèvres de sa bouche.*

... celle qui t'aime, Jean!... rien de plus!... (*Ils se mettent à marcher, toujours enlacés et se perdent dans la forêt.*)

(*Rideau.*)

FIN DU QUATRIÈME ACTE.

ACTE V

ACTE V

Le théâtre représente une place de la ville. Au premier plan, dans toute la longueur de la scène, une cour entourée d'un mur très bas, et que surmonte une grille de fer... Beaucoup de barres ont été descellées et arrachées; les autres sont tordues... Un écriteau : *A louer pour magasin*, subsiste encore. Au milieu de la grille, une porte s'ouvre donnant sur la place, et, de l'autre côté de la place, sur une rue qui s'allonge très loin, et au bout de laquelle on aperçoit les usines incendiées et fumantes... A droite, dans la cour, un hangar où l'on porte des cadavres et qui se continue dans la coulisse... A gauche, sous un arbre grêle, un banc... Les maisons gardent les traces d'une bataille toute récente... Les volets sont clos... les devantures des boutiques et des cafés, éventrées... Un grand soleil brille sur tout cela, sur la ville plus grise, plus triste, plus noire, dans sa permanente atmosphère de charbon, d'être éclairée par une lumière violente.

Au lever du rideau, la place est déserte... Conduits par des gendarmes, une longue file de grévistes prisonniers traversent la scène... Alors, quelques volets s'ouvrent et des têtes apparaissent, anxieuses et curieuses... Quelques commerçants se hasardent sur le seuil des boutiques et regardent, encore effarés, dans la direction par où viennent de disparaître les grévistes enchaînés... Deux civières, enveloppées de toile grise et portées chacune par deux porteurs, pénètrent dans la cour... Les porteurs enlèvent les toiles, déposent les morts sous le hangar, près des autres cadavres... Un curieux, mi-ouvrier, mi-bourgeois, s'aventure jusqu'à l'entrée de la cour et regarde.

SCÈNE I

LE CURIEUX, LES QUATRE PORTEURS

LE CURIEUX

Eh bien!.... Est-ce qu'il y en a encore beaucoup?

PREMIER PORTEUR

Peut-être une dizaine... Ça, c'est les morts.

LE CURIEUX

Et les blessés?

PREMIER PORTEUR

Aux hospices... aux presbytères... à la mairie... partout!...

DEUXIÈME PORTEUR

On dit qu'il y a quarante morts sous les décombres de l'usine. (*Il montre l'usine.*) Et ceux qu'on transporte aussi dans la grande salle du bal Fagnier! (*Hochant la tête.*) Cette fois, c'est pas pour danser!...

LE CURIEUX

C'est fini, maintenant, dites?...

PREMIER PORTEUR

Oui... paraît qu'ils se sont tous rendus...

LE CURIEUX

C'est pas trop tôt... (*Désignant les cadavres.*) Ça fait pitié, tout de même, de voir ça!...

DEUXIÈME PORTEUR

Ah! malheur!...

PREMIER PORTEUR

Je les ai vus, moi, à la barricade... près de l'église... Des rudes gars, vous savez!... Ils étaient bien cinq cents... à la barricade... peut-être plus... peut-être six cents... Et ç'en faisait un boucan!... Ah non!... En tête, Madeleine et Jean Roule qui commandaient et qui brandissaient, chacun, dans leurs mains, un drapeau rouge... Crânes, vous savez!... d'aplomb!... à la hauteur, quoi !... Et puis voilà que, tout d'un coup, courant... essoufflé... les yeux lui sortant de la tête... arrive M. Robert...

LE CURIEUX

Qui ça, M. Robert?...

PREMIER PORTEUR

Robert Hargand, donc!...

LE CURIEUX

Le fils du patron?

PREMIER PORTEUR

Eh oui!...

LE CURIEUX

Ah!... Eh bien?

PREMIER PORTEUR

Le voilà qui se démène... qui fait des gestes par-ci... des gestes par-là... Il parle à la troupe... il parle aux grévistes... Mais, va te faire fiche!... Bien que la troupe ne fût pas à plus de vingt mètres de la barricade... dans le sacré boucan, on n'entendait rien, comprenez... Il avait l'air de crier aux uns et aux autres... « Arrêtez !... arrêtez!... »

LE CURIEUX

Et alors?...

PREMIER PORTEUR

Alors... voilà qu'un coup de pistolet part de la barricade... les pierres... des morceaux de fer — de tout, quoi — tombe sur la troupe... Oh! la la!... « En v'la assez! » que se dit le capitaine... Et allez-y des trois sommations... et « Feu! »... Madeleine... Jean Roule... les drapeaux... M. Robert, tombent avec une trentaine de camarades... Mais les rangs se reforment... ces enragés-là se remettent à crier, à chanter plus fort... les pierres redoublent... la troupe en est aveuglée... « Feu! » encore, et « En avant! » Ah! je vous réponds qu'on a eu du mal à en avoir raison de ces bougres-là!... (*Il enlève sa casquette, essuie son front en sueur.*) Bon Dieu, que j'ai chaud!... (*A l'autre porteur.*) Passe-moi ta gourde... (*Il prend la gourde et boit avidement.*)

LE CURIEUX

Alors... M. Robert?...

PREMIER PORTEUR

Dame!... (*Il fait un geste affirmatif et remet sa casquette.*)

LE CURIEUX

Ça! c'est fort... par exemple!... ça, c'est fort!... Et le patron!... qu'est-ce qu'il dit de cela?

PREMIER PORTEUR

Nous ne l'avons pas vu encore... Pensez qu'il ne doit pas être flatté!...

LE CURIEUX

Pour sûr!... Est-ce qu'on a retrouvé le corps?

PREMIER PORTEUR

Il doit être avec les autres... là-bas!... (*Le curieux regarde les quatre porteurs qui reprennent leurs civières, et s'en vont. Une femme traînant deux enfants longe la grille au dehors.*)

SCÈNE II

MARIANNE RENAUD, LE CURIEUX

MARIANNE RENAUD, *au curieux.*

Je viens pour mon homme... c'est-y par ici?...

LE CURIEUX, *désignant le hangar.*

Voyez, ma pauvre dame !... (*Il remonte vers la place.*)

MARIANNE RENAUD, *elle traverse la cour en sanglotant.*

Mon Dieu !... mon Dieu !... (*Elle rentre dans le hangar... La place commence à s'animer. Des gens sortent, le curieux les appelle, leur raconte ce qu'il vient d'apprendre, gestes animés. D'autres femmes arrivent, traversent la cour en gémissant et pénètrent dans le hangar.*)

SCÈNE III

LES FEMMES, UN PETIT GARÇON, LE CURIEUX

Un petit garçon, conduisant par la main son frère tout petit, en robe, apparaît, s'arrête et s'adressant au curieux d'une voix fraîche et tranquille.

LE PETIT GARÇON

Monsieur !... où c'est-y, les morts?... (*Le curieux indique le hangar. Le petit garçon traverse la cour et entre aussi dans le hangar.*)

SCÈNE IV

LES FEMMES, LA MÈRE CATHIARD, LOUIS THIEUX, puis MADELEINE

Les femmes arrivent successivement. Elles entrent dans la cour, les unes seules, les autres avec des enfants qu'elles tiennent par la main. D'autres portent des nouveau-nés dans leurs bras. Quelques-unes reconnaissent, parmi les cadavres, leur mari, leur fils, leur père. Cris, lamentations. Elles s'agenouillent près des cadavres et sanglotent.

Entre la mère Cathiard, soutenant Louis Thieux. Elle regarde d'abord autour d'elle. Louis Thieux semble tout à fait un vieillard. Il est courbé, peut à peine marcher, et ses yeux sont étrangement lointains.

LA MÈRE CATHIARD

Tiens... voilà un banc... tu es fatigué... tu vas t'asseoir là... en m'attendant... (*Elle conduit Thieux au banc, sur lequel déjà est assise une vieille femme, morne, silencieuse et qui attend, elle aussi.*)

THIEUX, *en marchant.*

Qu'est-ce que tu dis?... Est-ce que nous allons à l'usine?...

LA MÈRE CATHIARD, *elle le fait asseoir sur le banc, près de la femme.*

Surveillez-le... Il a la tête partie, le pauvre bonhomme... Je ne pouvais pas pourtant le laisser seul à la maison... (*Regardant autour d'elle.*) Mon Dieu... mon Dieu!... Si c'est possible, tout ça!... (*La femme n'a pas bougé. La mère Cathiard se dirige sous le hangar.*)

THIEUX, *ne parlant à personne.*

Qu'est-ce que tu dis?... *Regardant lui aussi vaguement ce qui se passe dans la cour.*) Ah! oui!... C'est la paye, aujourd'hui!... C'est la paye!... (*Les femmes entrent toujours. La cour commence à se remplir. De son œil mort, Thieux examine, quelques secondes, la vieille près de lui. Puis il détourne la tête et reste, immobile, courbé, sans mot dire, sur son banc. On n'entend plus que les lamentations des femmes.*)

LA MÈRE CATHIARD, *sous le hangar, parmi les femmes, avec un grand cri.*

Mais... c'est Madeleine!... c'est Madeleine!...

LOUIS THIEUX, *au nom de Madeleine, il tourne la tête vers la vieille.*

Madeleine!... Qu'est-ce que tu dis?... Pourquoi dis-tu que c'est Madeleine?... Tu sais bien que tu n'es pas Madeleine... (*Il hoche la tête et reprend son attitude prostrée.*)

LA MÈRE CATHIARD, *sous le hangar.*

Elle n'est pas morte!... Madeleine n'est pas morte!... (*Sanglots des femmes.*) Sa bouche a remué... son cœur bat... (*Elle essaie de la soulever... Sanglots des femmes.*) Mais, aidez-moi donc... aidez-moi donc!... (*Aucune ne bouge.*) Je suis trop vieille... Je n'ai plus assez de forces!... (*Aucune ne bouge.*) Mais... aidez-moi donc?... Je vous dis qu'elle n'est pas morte!... (*Enfin, parmi celles qui n'ont trouvé aucun dès leurs, parmi les morts, quelques-unes se décident à aider la mère Cathiard. Elles soulèvent Madeleine dont les cheveux sont plaqués de sang.*) Vous voyez bien... elle rouvre les yeux... On ne peut pas la laisser là... Portons-la sur le banc!... *Péniblement, elles la portent sur le banc. La vieille se lève, sans regarder, et s'en va insensible. Louis Thieux reste courbé, les yeux sur le sol. Les femmes maintiennent Madeleine, sur le banc, son buste appuyé dans leurs bras.*) Madeleine!... Madeleine!

LOUIS THIEUX

Au nom de Madeleine, encore, il lève la tête, regarde un instant sa fille et ne la reconnaît pas ; regarde, un instant, la cour pleine de monde.

C'est la paye!... (*Il reprend son attitude affaissée.*)

LA MÈRE CATHIARD

Là voilà qui revient à elle!... (*Madeleine pousse des soupirs et sa poitrine se gonfle.*) Elle est blessée à la tête... Mais la blessure n'est pas profonde... (*Aux curieux qui regardent par la grille*) Allez donc me chercher de l'eau!... (*Un des curieux part et revient quelques instants après, avec des linges et un vase plein d'eau.*) Comme ses cheveux sont collés!... (*Aux femmes*): Dégrafez son corsage... (*La mère Cathiard panse la blessure de Madeleine.*) Madeleine!... Madeleine!... c'est moi!... (*A ce moment, entre Hargand, le visage décomposé. Il est suivi de Maigret et de quelques personnages importants de l'usine.*)

SCÈNE V

LES MÊMES, HARGAND, MAIGRET, ETC.

HARGAND, *courant vers le hangar.*

Mon fils!... mon fils!...

MAIGRET, *le suivant.*

Mais, monsieur... Voyons, monsieur!...

LA MÈRE CATHIARD

Madeleine!... Madeleine!... c'est moi!... me reconnaissez-vous?... (*La mère Cathiard continue de panser Madeleine, qui pousse des soupirs plus longs, plus distincts. Les femmes sont penchées sur elle, et la maintiennent toujours la tête haute.*)

HARGAND, *revenant du hangar.*

Où est-il?... où est-il?...

MAIGRET

On vous a trompé, monsieur!... Je suis sûr que M. Robert est toujours au château!

HARGAND

Non!... non!... Il est sorti du château, comme un fou... On l'a vu... on l'a vu à la barricade!... Je vous dis que mon fils est mort... mort... (*Sanglots de femmes... personne ne fait attention à Hargand.*) Robert est mort... et c'est moi, moi, qui l'ai tué!...

MAIGRET

Vous ne pouvez pas rester là!... monsieur Hargand!... C'est impossible!

HARGAND, *montrant les femmes qui pleurent.*

Elles y sont bien, elles!

MAIGRET

Mais si votre fils était mort, monsieur, on l'eût ramené chez vous!... Venez!...

HARGAND

Non!... non!... (*A la foule.*) Quelqu'un a-t-il vu mon fils?. . quelqu'un a-t-il vu mon fils?... (*Silence. Sanglots des femmes, sous le hangar.*) Répondez!... répondez, je vous en supplie!... Mon fils!... (*Silence.*) Vous qui pleurez, écoutez-moi... Vous, les mères qui avez perdu votre enfant, vous, les veuves, écoutez-moi!... Je vous adopte... Ma fortune... je vous la donne, toute!... Ma vie... je vous la donne aussi... Mais, parlez-moi!... Dites-moi, où est mon fils?... (*Silence et sanglots. Marianne Renaud sort du hangar. Hargand va pour lui prendre les mains.*)

HARGAND

Toi... Marianne... toi... As-tu vu mon fils?... Parle moi? (*Marianne le repousse sans lever les yeux sur lui... se dégage et s'en va.*)... Oh! pas de pitié... pas de pitié !

MAIGRET, *cherchant à l'entraîner.*

Monsieur!... monsieur!...

HARGAND, *il marche dans la cour, s'approche du banc où il voit Madeleine, pâle comme une morte et le front sanglant.*

Madeleine!... Oh!... (*Il recule un peu. Et comme s'il voyait la cour, les femmes agenouillées, les cadavres pour la première fois, il met un instant les mains sur ses yeux, pour leur cacher l'horreur du spectacle.*) Oh!... oh!... oh!...

LA MÈRE CATHIARD

Madeleine!... Madeleine!... C'est moi!...

MADELEINE

Ses yeux se rouvrent tout à fait. Peu à peu, elle semble sortir d'un long rêve douloureux. Elle regarde tout, mais sans comprendre, sans savoir où elle est. Lentement, la notion des choses lui revient, mais tronquée, encore imparfaite. Des bribes de mémoire, qui passent en elle, donnent à ses yeux toujours hagards, de multiples et diverses expressions de réalité, qui vont s'accentuant. Elle s'efforce à faire des mouvements. Son bras se soulève, elle porte la main sur son front et la ramène devant ses yeux. Une tache de sang est sur sa main. Elle la regarde sans comprendre encore. Sa main retombe.

LA MÈRE CATHIARD

Madeleine!... Madeleine!... C'est moi...

MADELEINE

(*Elle regarde fixement et longtemps la mère Cathiard et la reconnait. Très bas, très doucement, comme un souffle.*) Mère Cathiard !... (*Elle regarde son père affaissé sur le banc, et le reconnaît. D'une voix plus assurée, dans le ton de la plainte.*)... Le père !... le père !... (*Elle regarde Hargand, en face d'elle, et le reconnaît. Avec un frémissement et un léger mouvement de recul.*) Lui !... (*Ses regards maintenant, vont partout. Elle voit des femmes agenouillées.*) Qu'est-ce que... Pourquoi ?... pourquoi pleurent-elles ?... (*Sa pensée se tend de plus en plus... Tout se recompose en elle ; le travail de la conscience se traduit sur son visage, en accents tragiques... Elle voit le hangar. Un grand cri.*). Ah !... (*Avec une expression de terreur, elle se rejette dans les bras des femmes, où, quelques secondes, elle reste, haletante, la gorge sifflante.*)

LA MÈRE CATHIARD

Madeleine !... Madeleine !... N'ayez pas peur !... nous sommes-là... C'est moi... la mère Cathiard... vous savez bien... votre vieille voisine... Ma petite Madeleine !

MADELEINE, *encore tremblante.*

Mère Cathiard !... Oui... je vous reconnais bien !... C'est vous !... Et le pauvre père... aussi... je le reconnais... je vous reconnais tous !... (*Avec angoisse.*) Et Jean ?... Où est Jean ?... (*Hargand se rapproche.*)

LA MÈRE CATHIARD

Nous allons le retrouver, tout à l'heure...

MADELEINE

Pourquoi n'est-il pas ici avec vous !... Pourquoi n'est-il pas...

LA MÈRE CATHIARD

Madeleine... il faut rester calme...

MADELEINE

Jean!... Je veux voir Jean!...

LA MÈRE CATHIARD

Nous allons, vous conduire à lui... tout à l'heure!...

MADELEINE, *brusquement avec un grand cri.*

Jean est mort... Jean est tué!... Je me rappelle!... là-bas. (*Elle veut se lever.*) Laissez-moi... laissez-moi... Je me rappelle tout... tout!... (*Malgré les supplications de la mère Cathiard et des femmes, elle se lève.*)

HARGAND

Madeleine!...

LA MÈRE CATHIARD, *repoussant Hargand avec violence.*

Taisez-vous donc, vous!... vous voyez bien qu'elle est encore à moitié morte!

HARGAND, *obstiné et suppliant.*

Madeleine... je suis maintenant sans orgueil... je suis un pauvre homme... je suis tout petit... tout petit... Et puisque tu te rappelles... dis-moi... dis-moi où est Robert?...

MADELEINE

Et toi... dis-moi où est Jean?... dis-moi, ce que tu as fait de Jean... assassin!... assassin!... (*Maigret et les autres s'interposent... emmènent Hargand... A ce moment entrent deux civières, portées chacune par deux porteurs. Du dehors, les porteurs crient : « Place! place! »*)

SCÈNE VI

LES MÊMES, LES PORTEURS DE CIVIÈRES

Hargand s'élance, la foule des femmes se précipite, on entoure les civières. Maigret et les autres essaient de repousser la foule et protègent Hargand. Madeleine est frémissante. Elle marche, soutenue par les femmes, dans la direction des civières, d'où son regard ne peut se détacher.)

HARGAND, *il a soulevé la toile de la première civière. Dans un grand cri.*

Ah!... Robert!... mon fils!... (*Il s'affaisse sur le cadavre de son fils.*) Robert... Robert!...

MADELEINE, *s'avançant toujours.*

Pauvre petit!... (*Tout à coup, dans un violent effort, elle s'échappe aux mains des femmes et, trébuchante, hagarde, elle court vers l'autre civière, dont elle enlève aussi la toile.*) Jean!... Toi!... toi!... (*Elle tombe sur la civière, prend la tête de Jean, qu'elle soulève dans ses mains et qu'elle embrasse furieusement. Les femmes voyant qu'il n'y a pas de morts pour elles, se retirent, s'éloignent, les autres sanglotent toujours, sous le hangar. Cris et sanglots de Madeleine et de Hargand confondus. Hargand est entouré de Maigret et des employés de l'usine. Madeleine, de la mère Cathiard, et des femmes.*)

MADELEINE, *se redressant tout d'un coup, et portant les mains à son ventre.*

Ne pleurez pas, vous autres, là-bas... Ecoutez-moi... Il ne faut plus pleurer!... Mon enfant n'est pas mort!... Je l'ai senti remuer dans mon ventre... Il vit!... il vit!... Je veux vivre aussi!... Je veux vivre pour lui!... Ne pleurez plus!... Les veuves... les mères affligées... vous à qui l'on a tout pris... vous à qui l'on a tout tué... m'entendez-vous?... (*Aucune ne bouge.*) M'entendez-vous?... (*Silence des femmes.*) Je vous dis que mon enfant n'est pas mort!... que l'enfant de Jean Roule n'est pas mort!... (*Aucune ne bouge.*) M'entendez-vous?... (*Silence des femmes.*) Je vous dis que je veux vivre... que je veux l'élever pour la vengeance?... (*Aucune ne bouge.*) M'entendez-vous?... (*Silence des femmes.*)

MAIGRET

Monsieur!... il faut ramener M. Robert au château!...

HARGAND, *sanglotant et se laissant mener comme un enfant.*

Mon fils!... mon fils!...

MAIGRET, *il relève Hargand, remet la toile sur la civière. Aux porteurs.*

Au château!

MADELEINE, *elle s'élance sur Maigret et le repousse.*

N'y touchez pas!... Cet enfant n'est plus à lui... Il est à nous!... (*Aux porteurs.*) Au tas!... au tas!... au tas!... (*Puis elle revient à la civière de Jean. Elle essaie encore de parler.*) Je vivrai! je... (*Un flot de sang étouffe sa voix. Elle chancelle, et s'abat sur le cadavre de son amant.*)

LOUIS THIEUX, *sur son banc. Il regarde tout cela de son œil lointain.*

C'est la paye!...

(*Rideau.*)

FIN

Paris. — L. MARETHEUX, imprimeur, 1, rue Cassette.

CHOIX DE PIÈCES

ARÈNE (PAUL) et DAUDET (ALPH.). **Le Char.** Opéra-comique en 1 acte. 1 fr.
BANVILLE (TH. DE). **Riquet à la Houppe.** Comédie féerique....... 2 fr. 50
— **Le Baiser.** Comédie en 1 acte, avec un dessin de G. Rochegrosse. 1 fr. 50
— **Esope.** Comédie en 3 actes, avec un dessin de G. Rochegrosse......... 2 fr.
BERGERAT (ÉMILE). **Le Capitaine Fracasse.** Comédie héroïque en 4 actes et un prologue en vers.................................... 2 fr. 50
CLERC (GEORGES). **Macbeth.** Drame en 5 actes, en vers. Traduit de William Shakspeare.. 2 fr.
GASSIER (ALFRED). **Alceste.** Drame lyrique en 5 actes, en vers, d'après Euripide. Prix.. 1 fr. 50
HARAUCOURT (ED.). **Shylock.** Pièce en 5 actes, en vers................ 2 fr. 50
— **La Passion.** Mystère en 2 chants et 6 parties, en vers.......... 2 fr. 50
— **Héro et Léandre.** Poème dramatique en 3 actes................ 1 fr. 50
HENNIQUE (LÉON). **Deux patries.** Drame en 5 tableaux, dont 1 de prologue. 2 fr.
HERVILLY (E. D'). **Le Bonhomme Misère.** Légende en 3 tableaux...... 1 fr.
— **Poquelin père et fils.** Comédie en 1 acte, en vers................ 1 fr.
LEFÈVRE (GEORGES). **Le Faune.** Pastorale en 1 acte, en vers......... 1 fr.
LORRAIN (JEAN). **Yanthis.** Comédie en 4 actes, en vers................ 2 fr.
MARSOLLEAU. **Le Bandeau de Psyché.** Comédie en 1 acte.......... 1 fr.
NOEL (EDOUARD). **Deidamie.** Opéra en 2 actes.......................... 1 fr.
— **Prologue à Bérénice.** Comédie en 1 acte, en vers.................. 1 fr.
— **Attendez-moi sous l'Orgue.** Comédie en 1 acte, en vers.......... 1 fr.
RICHEPIN (JEAN). **Nana-Sahib.** Drame en vers, en 7 tableaux. Éd. in-8. 4 fr.
— — Édition in-12. 2 fr.
— **Le Flibustier.** Comédie en vers, en 3 actes. Édition in-12.......... 2 fr.
— **Monsieur Scapin.** Comédie en vers, en 3 actes. Édition in-8.......... 4 fr.
— — Édition in-12........ 2 fr.
— **Par le Glaive.** Édition in-8.. 4 fr.
— **La Glu.** Drame en 5 actes et 6 tableaux. Édition in-8............ 4 fr.
— — Édition in-12. 2 fr.
— **Vers la Joie.** Conte bleu en 5 actes, en vers........................ 4 fr.
— **Le Chemineau.** Drame en 5 actes, en vers........................... 4 fr.
ROSTAND (EDMOND). **Les Romanesques.** Comédie en 3 actes, en vers.. 2 fr.
— **La Princesse Lointaine.** Pièce en 4 actes, en vers.................. 2 fr.
— **La Samaritaine.** Évangile en 3 tableaux, en vers..................... 3 fr. 50
— **Cyrano de Bergerac.** Comédie héroïque en 5 actes, en vers.... 3 fr. 50
VAUCAIRE (MAURICE). **Valet de cœur.** Comédie en 3 actes, en prose.... 2 fr.
— **Le Poète et le Financier.** Comédie en 1 acte, en vers.............. 1 fr.
WILDER (VICTOR). **Enguerrande.** Drame lyrique en 4 actes........... 2 fr.
ZOLA (E.) et GALLET (LOUIS). **Le Rêve.** Drame lyrique en 4 actes et 8 tabl. 1 fr.
— **L'Attaque du Moulin.** Drame lyrique en 4 actes....................... 1 fr.

8043. — L.-Imprimeries réunies, rue Mignon, 2, Paris.

www.ingramcontent.com/pod-product-compliance
Ingram Content Group UK Ltd.
Pitfield, Milton Keynes, MK11 3LW, UK
UKHW021106290826
14628UKWH00014B/855

9 782019 140168